AF590456

N. 1. N. 18.

Loterie.

Publication de Loix a exécuter à compter du 1. Vendémiaire procLain an 14. (23 Settembre 1805.)

EXTRAIT

De la loi du 9 vendémiaire an 6 portant rétablissement de la Loterie nationale de france.

TITRE IX.

90 La ci-devant loterie nationale de france est rétablie sur les bases et les combinaisons qu'elle avoit à l'epoque de sa suppression. Le directoire est chargé d'en organiser provisoirement l'administration sans retard, en faisant toutes les réductions d'agens qu'il sera possible.

91 Tout établissement de loterie étrangere, ou particuliere, est prohibé.

92 Les individus qui se permettront de recevoir pour les loteries étrangéres seront condamnés pour la première fois à une amende de trois mille francs et la seconde outre l'amende à six mois de détention.

93 Les receveurs de la loterie nationale

qui seront convaincus d'avoir joué ou reçu pour les loteries étrangéres, et d'avoir joué pour leur propre compte ou pour celui des particuliers, seront condamnés à l'amende de six mille francs et destitués de leurs fonctions.

Extrait certifié conforme du bulletin des lois de la république française.

L'ARCHI-TRÉSORIER DE L'EMPIRE
Signé LE-BRUN

Par son Altesse Sérénissime
Le Sécrétaire de ses commandemens
Signé BENOIT.

N. 2.

Loterie.

Publication de Loix a exécuter à compter du 1. Vendémiaire prochain an 14.
(23 *Settembre* 1805.)

EXTRAIT

De l'arrêté du directoire exécutif portant organisation de la Loterie nationale, rétablie par la loi du 9 Vendémiaire an 6.

Du 17 Vendémiaire an 6.

Le directoire exécutif vu les articles de la loi du 9 vendémiaire dernier concernant les dépenses ordinaires et extraordinaires de l'an 6 et portant le rétablissement de la loterie nationale; oui le rapport du ministre des finances.

ARRÊTE.

Art. 1 La loterie nationale de la république française sera confiée à la surveillance de trois administrateurs et d'un caissier qui auront sous eux 120 employés au plus dans les bureaux à Paris, 20 inspecteurs, 800 receveurs, un caissier, un controleur et un papetier.

(*Article modifié par l'arrêté du 25 brumaire an 6. qui porte à 32. le nombre des inspecteurs et encore par celui du 5 fructidor suivant qui porte ce nombre a 50.*)

La caisse de la recette générale sera placée à l'hôtel national des invalides.

2 La loterie est, comme elle l'étoit à l'époque de sa suppression, composée de 90. nombres ; et les cinq qui sont tirés de la roue de fortune, produisent;

Savoir:

Cinq lots d'extraits.

10. Lots d'ambes,

10. Lots de ternes,

5. Lots de quaternes.

1. Lot de quine,

5. Lots d'extraits déterminés.

10 Ambes déterminés.

3 Chacun des actionaires sera libre de choisir tel numéro et telle quantité de numéros qu'il lui plaira pour former sa mise ; il aura également la liberté de prendre intérêt sur une ou plusieurs chances à la fois, et d'y placer soit dans un seul et même billet, soit dans une plus grande quantité, telle somme qu'il lui plaira, pourvu qu'elle ne soit pas au dessous d'un franc.

(*Article modifié par l'arrèté du 7 brumaire an 6. qui fixe le minimum de la mise à 50. centimes ou 10 sous.*)

4 Les chances de la loterie sont partagées en deux classes; savoir, celle des chances simples, qui comprend l'extrait, l'ambe, le terne, le quaterne et le quine; et celle des chances déterminées qui renferme l'extrait et l'ambe déterminés.

Enfin toutes les chances et les combinaisons sont les mêmes qu'elles étoient lors de la suppression de cette loterie.

5 L'extrait simple continuera d'être payé 15 fois la mise.

L'ambe simple 270. fois.

Le terne 5500 fois.

Le quaterne 75000. fois.

L'extrait déterminé 70. fois.

L'ambe déterminé 5,100. fois.

6 Il sera délivré à l'actionaire au moment de sa mise, une reconnoissance qui lui servira de billet définitif. Cette reconnoissance signée du receveur sera détachée, en présence de l'actionaire, du registre à souche délivré par l'administration, et sur la présentation de ce billet, les lots gagnans seront payés soit chez le receveur où la mise aura été faite, soit à la caisse générale.

Les actionaires auront le plus grand son de s'assurer de l'exactitude de leur mise avec le registre; et dans le cas de différence entre le registre et le billet, l'actionaire ne pourra prétendre qu'au remboursement de sa mise, bien entendu toutes fois que le billet n'aura été ni contrefait, ni falsifié, ou les numéros surchargés.

Ce remboursement aura lieu des deniers du receveur.

7 On suivra dans le tirage de la loterie la méthode qui s'est toujours observée et qui se suivoit à l'époque de la suppression.

Le jour du tirage, on enfermera dans la roue de fortune 90. etuis d'egale grandeur, forme, et poids; chacun de ses etuis contiendra un carré de velin sur lequel sera inscrit chaque numéro depuis le N. 1. jusques et compris le N. 90.

Tous les numéros, avant d'être placés dans leurs etuis, seront exposés aux yeux de tous les assistans : après cette formalité on mêlera les 90. etuis dans la roue de fortune, et on tirera cinq numéros seulement; le tirage de ces cinq numéros déterminera le montant des lots de tous ceux qui auront pris interêt à la loterie.

8 Tous porteurs de billets gagnans seront tenus pour être payés, de les présenter dans les six mois du jour du tirage, passé lequel délai les dits billets seront et demeureront nuls.

Tous billets présentés pour payement des lots devront être garnis de leurs souches; cette formalité sera tellement de rigueur, que les actionaires ne pourront prétendre au payement du lot, si cette partie du billet avoit été altérée ou détruite.

9. Le tirage sera fait publiquement le 16 & le 1.er de chaque mois dans le lieu de la Bourse, en présence & sous les ordres du ministre de la police, & des administrateurs de la loterie (*article rapporté par l'arrêtè du* 11. *frimaire an 6. portant que les tirages se feront dans l'ancienne salle de la loterie rue neuve des petits champs N.* 18.)

Il n'y sera procédé qu'après avoir mis sous le scellé tous les registres des receveurs, lesquels en seront retirés après le tirage fini.

10. Les administrateurs activeront par tous les moyens possibles, toutes les parties du service de la loterie nationale, ils veilleront avec la plus grande attention à ce que tous les employés, & particulierement les receveurs gerent avec soin leurs bureaux; ils rendront compte au ministre des finances de toutes les opérations, ils feront former tous les résultats en recettes & dépenses, & veilleront à ce que les comptables versent exactement les fonds qu'ils auront reçus.

11. Les inspecteurs seront tenus de faire leurs tournées chez les receveurs de l'arrondissement qui leur sera désigné, d'examiner, vérifiér leur travail, arrêter leurs registres, & constater la situation de leurs caisses : ils seront tenus de faire connoître les résultats de leurs tournées à l'administration générale établie à Paris. Ils pourront dans les cas d'urgence, tels que divertissement de deniers, ab-

sence, ou mort d'un comptable, faire continuer provisoirement la recette d'un tirage par telle personne qu'ils croiront convenable, à la charge par les inspecteurs, d'en rendre compte sur le champ à l'administration.

Cette dernière faculté ne pourra avoir lieu pour les inspecteurs établis dans la commune de Paris.

12 Les receveurs qui seront établis en conformité de l'article premier, seront tenus de verser de suite dans la caisse générale une somme en espèces, par forme de cautionnement, pour sureté de leur gestion.

Cette somme ne pourra exceder 12000. livres, et ne pourra être moindre de 1000. livres; elle sera basée proportionnellement à l'importance de la recette présumée.

Les sommes ainsi versées seront déposées dans une caisse à trois clefs: l'une de ces clefs sera entre les mains du Caissier: une autre dans celles du Commissaire du Directoire prés l'administration centrale du Département de la Seine: la troisième sera confiée aux administrateurs de la loterie.

Cette caisse sera ouverte pour les payemens des lots résultants des tirages, et pour y verser les sommes qui rentreront successivement à la caisse jusqu'à concurrence seulement du montànt des fonds versés primitivement pour les cautionnemens.

13 Les Receveurs ne pourront exercer au

aucune fonction, sans au prèalable avoir versé dans la caisse générale le tier du cautionnement en deniers fixé pour leur gestion.

Les deux autres tiers seront versés de dix jours en dix jours terme de rigueur, passé lequel l'administration sera autorisée à nommer à la recette.

14 Les sommes versées par suite de l'art. précedent ne porteront point intérêt au receveur, ni au bailleur de fonds ; mais les receveurs s'en rembourseront par leurs mains au moyen d'une retenue sur leurs recettes de chaque quinzaine à raison de cinq pour cent sur la somme brute.

15 Aussitôt que les receveurs auront prélevé, par la retenue ordonnée, le quart de leur mises de fonds dehors, ils seront tenus de présenter dans le mois à l'administration générale, un cautionnement en immeubles d'une valeur triple de celle de leurs recettes présumées. Ces immeubles seront francs et quittes de toute hypothéque.

16 Les receveurs ne pourront faire la recette que sur des registres à eux confiés par l'administration. Tous les receveurs qui se permettroient de faire la recette sur d'autres feuilles que celles désignées, ou de délivrér des reconnoissances autres que les billets à souche qui font partie intégrante du régistre, seront condâmnés à l'amende de six mille livres conformément à l'art. 93. titre IX. de la loi du

9. de ce mois, destitués sur le champ, et déclarés incapables de remplir aucun emploi à l'administration.

17. Tout receveur sera tenu sous peine de destitution d'avoir toujours affichés dans son bureau les loix et réglémens concernant la loterie, de manière que chaque actionaire puisse les consulter au besoin.

Les inspecteurs y veilleront avec la plus scrupuleuse attention.

18 Les receveurs seront retribués par une remise de cinq pour cent sur la recette brute de chaque quinzaine.

Ils seront tenus de verser à la caisse générale le montant de leurs recettes d'une quinzaine sur l'autre soit en espèces, soit en lots acquittés, à défaut de quoi il seront privés de nouveaux regist es pour le tirage suivant, et poursuivis comme retentionnaires de deniers publics.

Les receveurs des Départemens sont autorisés à faire leur remise en papier sur Paris à un mois de date au plus, et ne recevront leur récépissé de la caisse générale qu'après le payement des effets qu'ils y auront envoyés, et dont dans tous les cas il seront responsables.

(*Article rapporté par un arrêté du mois de prairial an 6. qui autorise les administrateurs à prendre les moyens qu'ils croiront les plus surs et les plus prompts pour faire verser les recettes des départemens dans la caisse générale à Paris.*)

19 Toutes les difficultés qui naitront de la part du receveur, ou de l'actionaire par suite des enrégistremens lors de la recette ou du payement des lots aprés le tirage, seront portées pardevant les admnistrateurs, qui en référeront, s'il y a lieu, au ministre des finances.

Les ministres de la police et des finances sont chargés de l'exécution du présent arrêté, qui sera envoyé au Corps Legislatif, et imprimé dans le Bulletin des loix.

Extrait certifié conforme du bulletin des lois de la république française.

Pour expédition conforme.

Signé L. M. REVEILLERE LEPAUX *Président.*

Par le Directoire Exécutif

Le Sécrétaire général signé *LAGARDE.*

Certifié conforme

L' ARCHI-TRÉSORIER DE L' EMPIRE

Signé LE-BRUN

Par son Altesse Sérénissime

Le Sécrétaire de ses Commandemens,

Signé BENOIT

N. 3.

Loterie

Publication de l'arrêté à exécuter à compter du 1. Vendémiaire prochain an 14. (23 Settembre 1805.)

ARRÈTÉ

Du directoire exécutif concernant le taux des mises à la loterie nationale du 7. brumaire an 6.

Le directoire exécutif considérant que le taux des mises à la loterie nationale rétablie par la loi du 9 vendémiaire an 6 fixé à un franc par l'art. 3. de son arrêté du 17. du même mois, présente des difficultés dans le calcul des mises & des chances & qu'il pourroit d'ailleurs nuire au succés de l'établissement : oui le rapport du ministre des finances;

ARRÈTE ce qui suit.

1. L'art. 3. de l'arrêté du 17. vendémiaire demeure rapporté en ce qui concerne la fixation de chaque mise à un franc.

2. Chacun des actionaires de la loterie sera libre de placer sur chaque chance

& sur chaque billet & numéro, telle somme qu'il lui plaira, pourvu qu'elle ne soit pas au dessous de cinquante centimes, ou 10. sous.

Le ministre des finances est chargé de l'exécution du présent arrêté qui sera imprimé dans le bulletin des loix:

Pour expédition conforme
Signé, L. M. REVEILLERE LEPAUX *Présid.*
Par le directoire exécutif
Le sécrétaire général, Signé *LAGARDE*.
Extrait certifié conforme du bulletin des lois de la république française.

L'ARCHI-TRÉSORIER DE L'EMPIRE
Signé LE-BRUN

PAR SON ALTESSE SÉRÉNISSIME
Le Secrétaire de ses commandemens
Signé BENOIT.

N. 4.

Loterie

Publication de Loix à exécuter à compter du 1 Vendemiare prochain an 14. (23 Settembre 1805.)

L O I

Relative à la prohibition des agences ètablies pour faire des ventes par forme de Loteries. Du 3 Frimaire an 6.

Le Conseil des anciens adoptant les motifs de la déclaration d' urgence qui précéde la résolution ci-après, approuve l'acte d' urgence.

Suit la teneur de la déclaration d' urgence & de la résolution du 24 Brumaire.

Le Conseil des cinq cents oui le rapport d'une commission spéciale sur diverses pétitions qui lui ont été adressées, tendant à ce qu'il fut permis aux pétitionaires de terminer des ventes commencées par forme de loterie, soit par eux mêmes, soit par des agences établies à cet effet:

Considerant que les opérations relatives à ces sortes de ventes étant déja commencées, il importe que les parties intéressées ne restent pas plus longtems dans l'incertitude sur la faculté qu'elles peuvent avoir de les terminer, & qu'il importe de prévenir en même tems l'abus qui pourroit être fait de la ditte faculté.

Déclare qu'il y a urgence.

Le Conseil aprés avoir déclaré l'urgence prend la résolution suivante:

Art. 1. Toutes agences établies pour vendre par forme de loterie soit avec mélange, ou sans mélange de lots ou primes en argent des effets mobiliers ou immobiliers de quelque nature qu'ils puissent être, sont dans le cas de la prohibition prononcée par l'art. XCI. de la Loi du 9 Vendémiaire dernier.

2. Pourront néanmoins les dittes agences dans le délai de deux mois à compter de la publication de la présente loi terminer les opérations par elles commencées à la ditte époque, sans qu'il leur soit permis d'en commencer de nouvelles, ni de donner aucune suite à celles commencées dépuis la publication de la ditte loi.

3. La prèsente résolution sera imprimée.

Signé Villers *President.*

Boulons (de la mewrthe) Porte, Talot, *Secrétaires.*

Aprés une seconde lecture,

Le Conseil des anciens approuve la résolution ci-dessus.

Le 3 frimaire an 6 de la République Française.

Signé Rossée *Président.*

Dupuch, Blareou, Debourges, Laboissieres. *Sécrétaires.*

Le Directoire Exécutif ordonne, que la loi, ci-dessus sera publiée, exceutée, & qu'elle sera munie du sceau de la république.

Fait au Palais national du Directoire Exécutif le 4 frimaire an 6 de république française.

Pour expedition conforme.

Signé L. M. Reveillere Lepaux *Présid.*

Par le Directeur Executif.

Le Secrétaire Général Signé Lagarde.

Extrait certifié conforme du bulletin des loix de la république française.

l' Archi-Trésorier de l' Empire

Signé LE-BRUN

PAR SON ALTESSE SÉRÉNISSIME

Le Secrétaire de ses Commandemens,

signé Benoit

N. 5.
Loterie.

Publication de Loix à executer à compter du 1 Vendémiaire prochain an 14. (23. Settembre 1805.)

L O I

Relative aux Loteries particulieres. Du 9 germinal an 6.

Le conseil des anciens, adoptant les motifs de la déclaration d'urgence qui précéde la résolution ci-après, approuve l'acte d'urgence.

Suit la teneur de la déclaration d'urgence et de la résolution du 3 germinal.

Le conseil des cinq cents, après avoir entendu le rapport de sa commission des finances sur le message du directoire exécutif du 3 ventose dernier, du quel il resulte qu'au mépris de l'art. 91. de la loi du 9 vendémiaire an 6, des particuliers ont établi clandestinement des loteries avec tirage pour leur propre compte, et que d'autres offrent des chances au public sur les tirages de la loterie nationale;

Considérant que ces sortes d'établissements ne présentent aucune garantie aux citoyens, qu'ils nuisent aux recettes de la loterie nationale, et que leur existence est une contravention formelle aux dispositions de l'art. 91. de la loi du 9 vendémiaire;

Considérant qu'il est de l'intérêt public que les auteurs de cette contravention ne demeurent pas impunis, et que dès lors il est instant de déterminer les peines qui devront leur être appliquées, déclare qu'il y a urgence.

Le conseil aprés avoir déclaré l'urgence, prend la résolution suivante :

Art. 1 Quiconque sera prévenu de recevoir des mises, ou de distribuer des billets, pour les loteries étrangères ou particulières, ou de tenir la banque pour les dittes loteries, de préter, ou louer un local pour le tirage de ces loteries, sera traduit devant le juge de paix.

2 Le juge de paix interrogera le prévenu, entendra les témoins, se fera remettre toutes pièces pouvant servir à conviction, se transportera même, s'il est nécessaire, dans les endroits qui lui seront indiqués pour saisir les pièces de conviction et les deniers de la banque.

3 S'il est prouvé que le prévenu ait reçu ou tenu la banque pour les dittes loteries, distribué des billets, prété ou loué un local pour faire le tirage des dites loteries, il sera mis en arrestation, le

procès-verbal ainsi que toutes les pièces à conviction seront envoyés dans les vingt quatre heures au greffe du jury d'accusation, pour être jugé sommairement au tribunal de police correctionelle de l'arrondissement dans lequel aura été commis le délit.

4 Quiconque sera convaincu d'avoir reçu où tenu la banque pour les loteries étrangeres ou particulières, prété ou loué un local pour le tirage des dittes loteries, sera condamné à un emprisonement qui ne pourra excéder six mois et à 6000. fr. d'amende pour la première fois; et en cas de récidive, il sera condamné à deux années d'emprisonement et l'amende sera doublée; le tout indépendamment de la saisie des billets, registres et fonds qui se trouveront soit chez le receveur soit chez le banquier.

5 Les actionaires de loteries étrangeres ou particulières ne pourront demander la restitution de leurs mises sur les fonds saisis à moins qu'ils n'aient dénoncé eux mêmes le receveur ou le banquier, auquel cas leurs mises leur seront restituées, et ils pourront de plus avoir part à l'amende qui sera prononcée contre ceux, qu'ils auroient dénoncés, ainsi qu'il sera dit ci-après.

6 Les receveurs de la loterie nationale qui seront prévenus d'avoir reçu pour les

loteries étrangeres, d'avoir tenu la banque pour leur propre compte ou pour celui de particuliers, seront traduits devant le juge de paix: l'instruction sera faite à leur egard de la même maniere qu'il est prescrit par les articles 1.2 et 3 et s'ils sont convaincus, ils seront condamnés à un emprisonnement d'une année et à 12,000. fr. d'amende, par le tribunal de police correctionelle, et destitués par l'administration de la loterie nationale.

7 Les amendes, & saisies qui seront prononcées en exécution des articles 4, 5, & 6 ci-dessus seront appliquées au profit des hopitaux sous la modification ci-après.

8 Les amendes & les deniers saisis seront perçus par le caissier de l'administration de la Loterie nationale, qui est autorisé à décerner toutes contraintes; à l' effet de quoi le greffier du tribunal de police correctionelle sera tenu de lui faire passer extraits des jugemens dans les vingt quatre heures du jour, où ils auront été rendus.

9 Les administrateurs de la Loterie nationale sont autorisés à disposer jusqu'à concurrence du quart des amendes recouvrées & des deniers saisis, pour être appliqué au profit tant de ceux qui auront indiqué les contrevenans à la présente loi, que de ceux qui auront coopéré à les découvrir sur l' état de répartition arrêté par les dits administrateurs.

10 Tout jugement qui sera rendu en exécution de la présente loi sera imprimé & affiché aux frais des auteurs des délits.

11 La présente résolution sera imprimée.

Signé Pison du Galand *Présid.*

Duchesnes, Garnier (des Saintes) Boullé (du Morbihan) Martinet, *Secrétaires.*

Aprés une seconde lecture

Le Conseil des anciens approuve la résolution ci-dessus.

Le 9 Germinal an 6 de la républ.

Signé Bordas *Ex-Presid.*

J. N. Topsent, Havin, J. Artaud, Mailli, *Secrétair.*

Le Directoire Exécutif ordonne que la loi ci-dessus sera publiée exécutée, & qu'elle sera munie du sceau de la république.

Fait au Palais national du directoire exécutif le 9 germinal an 6 de la république française, une et indivisible.

Pour expédition conforme.

Signé Merlin *Présid.*

Par le Directoire Executif.

Le Sécrétaire Général. *Signé* Lagarde.

Extrait certifié conforme du bulletin des loix de la république française.

L'Archi-Trésorier de l'Empire.

Signé LE-BRUN.

Par son Altesse Sérénissime

Le Sécrétaire de ses Commandemens,

Signé *Benoit.*

N. 6.

Loterie

Publication de l'extrait à exécuter à compter du 1. Vendémiaire prochain an 14. (23. Settembre 1805.)

EXTRAIT

Des registres des délibérations des consuls de la république une & indivisible. Paris le 4. vendémiaire an 9 de la république une & indivisible.

Les consuls de la république sur le rapport du ministre des finances, le conseil d'état ent ndu;

Vù la loi du 9 vendémiaire an 6 portant rétablissement de la loterie nationale;

Vû aussi l'arrêté du directoire exécutif du 17 du même mois relatif à l'organisation de la ditte loterie;

Arrètent:

1. A compter du 1.er brumaire prochain, il sera fait trois tirages par mois de la loterie nationale.

Ces trois tirages auront lieu le cinq de chaque décade.

2 Il sera établi dans le plus court délai des tirages particuliers dans les villes de

Bordeaux, Bruxelles, Lyon & Strasbourg. Ils se feront dans la même forme, & avec les mêmes précautions que celles prescrites par l'arrêté du directoire exécutif du 17 vendémiaire an 6 & aux mêmes jours que ceux de Paris.

3. Les tirages dans chacune des dittes villes se feront publiquement dans le lieu qui sera désigné à cet effet par le Préfet du département, en présence & sous les ordres duquel se feront les dits tirages & en présence aussi, savoir: pour Bordeaux & Lyon du commissaire général de police; pour Bruxelles & Strasbourg du maire du lieu; & en outre pour chacune des quatre villes du commissaire du gouvernement près le tribunal criminel.

Un inspecteur y remplacera les administrateurs de la loterie.

Il n'y sera procédé qu'après avoir mis sous les scellés tous les registres des receveurs lesquels ne seront retirés qu'après le tirage.

4. Le ministre des finances fixera les arrondissemens de chacune des villes de Paris, Bordeaux, Bruxelles, Lyon & Strasbourg.

5. Les receveurs de Paris seront autorisés a recevoir des mises pour les tirages qui se feront à Bordeaux, Bruxelles, Lyon & Strabourg.

Les receveurs des bureaux dans les quatres dernieres villes auront indépendamment des mises qui seront faites pour leurs tirages la faculté d'en recevoir pour Paris seulement.

La même faculté pourra être accordée aux receveurs des autres villes de la république lorsque le ministre des finances le jugera convenable.

6. Les ministres des finances & de la police générale sont chargés chacun en ce qui les concerne de l'exécution du présent arrêté qui sera imprimé au bulletin des lois.

Le premier Consul

Signé **BONAPARTE.**

Par le premier Consul :

Le Sécrétaire d'État

signé Hugues B. Maret.

Extrait certifié conforme du bulletin des lois de la république française.

L'Archi-Trésorier de l'Empire

Signé **LE-BRUN**

Par son Altesse Sérénissime

Le Sécrétaire de ses commandemens,

Signé **Benoit.**

N. 1. N. 19.

Monnaies

Publication de Loix à exécuter à compter du 1. Vendémiaire prochain an 14. (23. Settembre 1805.)

LOI

Sur la fabrication & la vérification des Monnaies, du 7 germinal an 11.

Dispositions Générales.

Cinq grammes d'argent, au titre de neuf dixièmes de fin, constituent l'unité monétaire, qui conserve le nom de franc.

TITRE I.

De la fabrication des monnaies.

Art. 1. Les pièces de monnaie d'argent seront d'un quart de franc, d'un demi-franc, de trois quarts de franc, d'un franc, de deux francs & de cinq francs.

2. Leur titre est fixé à neuf dixièmes de fin, & un dixième d'alliage.

3. Le poids de la pièce d'un quart de franc sera d'un gramme vingt-cinq centigrammes.

Celui de la pièce d'un demi-franc, de deux grammes cinq décigrammes;

Celui de la pièce de trois quarts de franc, de trois grammes soixante quinze centigrammes;

Celui de la pièce d'un franc, de cinq grammes;

Celui de la pièce de deux francs, de dix grammes;

Et celui de la pièce de cinq francs, de vingt-cinq grammes.

4. La tolérance du titre sera, pour la monnaie d'argent, de trois millièmes en dehors, autant en dedans.

5. La tolérance de poids sera, pour les pièces d'un quart de franc, de dix millièmes en dehors, autant en dedans; pour les pièces d'un demi-franc & de trois quarts de franc, de sept millièmes en dehors, autant en dedans; pour les pièces d'un franc & de deux francs, de cinq millièmes en dehors, autant en dedans; & pour les pièces de cinq francs, de trois millièmes en dehors, autant en dedans.

6. Il sera fabriqué des pièces d'or de vingt francs & de quarante francs.

7. Leur titre est fixé à neuf dixièmes de fin, & un dixième d'alliage.

8. Les pièces de vingt francs seront à la taille de centcinquantecinq pièces au kilogramme, & les pièces de quarante francs à celle de soixante dix sept & demie.

9. La tolérance du titre de la monnaie d'or est fixée à deux millièmes en dehors, autant en dedans.

10. La tolérance de poids est fixée à deux millièmes en dehors, autant en dedans.

11. Il ne pourra être exigé de ceux qui porteront les matières d'or ou d'argent à la monnaie, que les frais de fabrication.

Ces frais sont fixés à neuf francs par kilogramme d'or, & à trois francs par kilogramme d'argent.

12. Lorsque les matières seront au dessous du titre monetaire, elles supporteront les frais d'affinage ou de départ.

Le montant de ces frais sera calculé sur la portion desdites matières qui doit être purifiée, pour élever la totalité au titre monetaire.

13. Il sera fabriqué des pièces de cuivre pur, de deux centièmes, de trois centièmes & de cinq centièmes de franc.

14. Le poids des pièces de deux centièmes sera de quatre grammes;

Celui des pièces de trois centièmes, de six grammes;

Et celui des pièces de cinq centièmes, de dix grammes.

15. La tolérance de poids sera, pour les pièces de cuivre, d'un cinquantième en dehors.

16. Le type des pièces de monnaie est réglé comme il suit :

Sur une des surfaces des pièces d'or, d'argent, & de cuivre, la tête du premier consul, avec la legende : BONAPARTE, premier consul ;

Sur le revers, deux branches d'olivier; au milieu des quelles on placera la valeur de la pièce ; & en dehors, la légende, RÉPUBLIQUE FRANÇAISE, avec l'année de la fabrication.

Sur les pièces d'or & de cuivre, la tête regardera la gauche du spectateur ; & sur les pièces d'argent, elle regardera la droite.

La tranche des pièces de cinq francs portera cette légende : DIEU PROTÈGE LA FRANCE.

17. Le diamétre de chaque pièce sera déterminé par un réglement d'administration publique.

TITRE II.

De la vérification des monnaies.

18. Les monnaies fabriquées aux termes de la présente, ne seront mises en circulation qu'après vérification de leur titre & de leur poids; cette vérification se fera sous les yeux de l'administration des mon-

naies, immédiatement après l'arrivée des échantillons.

19. Les directeurs de fabrication pourront assister en personne aux vérifications, ou se faire représenter par un fondé de pouvoir.

20. L'administration dressera procès-verbal des opérations relatives à la vérification du monnayage; elle enverra ce procès-verbal aux ministres des finances & du trésor public, avec sa décision.

21. Les pièces qui auront servi à constater l'état de la fabrication, resteront déposées aux archives de l'administration des monnaies pendant cinq ans: elles seront ensuite passées en recette au caissier qui les enverra à la refonte.

22. En cas de fraude dans le choix des échantillons, les auteurs, fauteurs & complices de ce delit, seront punis comme faux monnayeurs.

Collationné à l'original, par nous président & secrétaire du corps legislatif. A Paris le 7. germinal an 11 de la république française, signé Girod (de l'ain), président. Latour-Maubourg, Lefranc, H.te Monseignat, Bazoche, secrétaires.

Soit la présente loi revêtue du Sceau de l'état, insérée au bulletin des lois, inscrite dans le registre des autorités judiciaires & administratives, & le grand juge, ministre de la justice, chargés d'en surveiller la publication. A' Paris le 17. germinal an 11 de la république.

Signé BONAPARTE 1.er Consul.

Contresigné, le sécrétaire d'état

Hugues B. Maret.

Et scellé du sceau de l'état.

Extrait certifié conforme du bulletin des lois de la république française.

L'ARCHI-TRÉSORIER DE L'EMPIRE.

LE-BRUN.

PAR SON ALTESSE SÉRÉNISSIME

Le Sécrétaire de ses Commandemens,

BENOIT.

N. 2

Monnoies

Pubblication de Loix à exécuter à compter du 1. Vendémiaire prochain an 14. (23. Settembre 1805.)

L O I

Relative aux pièces d'or & d'argent rognées ou alterées du 14 Germinal an 11.

Art. 1. A compter du jour de la publication de la présente, les pièces d'or de vingt-quatre, & de quarante-huit livres tournois, rognées ou alterées ne seront admissibles daus les payemens qu'au poids.

2. Il en sera de même des pièces de six livres tournois rognées.

3. Les pièces dénommées dans les articles précédens seront portées aux hôtels des monnaies pour être refondues; elles y seront échangées contre des piéces neuves, sans aucune retenue de frais de fabrications.

4. Le tarif, suivant lequel ces pièces seront reçues dans les payemens & aux hôtels des monnaies, sera déterminé par un réglement d'administration publique.

5. Les auteurs, fauteurs & complices de

l'alteration & de la contrefaçon des monnaies nationales, seront punis de mort.

Collationnée à l'original par nous Président & Secrétaires du corps legislatif. A Paris le 14 germinal an 11 de la république française. Signé Gerod (de l'ain), Président. Basoche, H. Monsegnat, Le-Franc, Secrétaires, Lejeas ex Secrétaire.

Soit la présente loi revêtue du sceau de l'état, inserée au bulletin des loix, inscrite dans le registre des Autorités judiciare & administrative, & le grand juge, ministre de la justice, chargés d'en surveiller la publication. A Paris le 24 germinal an 11 de la république.

Signé BONAPARTE I. Consul
Contresigné le Sécrétaire d'état
HUGUES B. MARET

Et scellé du sceau de l'état.

Extrait certifié conforme du bulletin des loix de la république française.

L'ARCHI-TRÉSORIER DE L'EMPIRE
Signé LE-BRUN

Par son Altesse Sérénissime
Le Secrétaire de ses Commandemens
Signé BENOIT.

Droit réunis
N. 1 N. 20.
T a b a c s.

Publication de Loix à exécuter à compter du 1 Vendemiaire prochain.
(23. *Settembre* 1805.)

L O I
Du 5 Ventose an 12.

T I T R E V.

CHAPITRE 1.

S e c t i o n I.

Fixation des droits.

Art. 17 Le droit sur l'importation des tabacs étrangers en feuilles, établi par la loi du 29 floreal an 10, sera, à compter de la publication de la présente loi, d'un franc par kilograme lorsqu'ils seront importés par navire étranger, et de 8. décimes par kilograme lorsqu'ils seront importés par navire français.

18 Indépendamment de ce droit, il continuera d'être perçu, conformément à la même loi du 29 floreal an 10, un droit de

fabrication de 4 décimes par kilograme, tant sur les feuilles étrangéres que sur les feuilles indigénes employées à la fabrication du tabac.

19 Les tabacs indigénes en feuilles payeront à l'exportation sept francs par cent kilogrames.

Section II.

Mode de perception.

20 Les tabacs étrangers en feuilles continueront à jouir de l'entrepôt dans les villes où il est établi, et pourront y rester pendant dix-huit mois sans payer le droit d'entrée; passé ce tems, il sera perçu.

21 Le droit d'entrée fixé par l'article 17 sera perçu, soit à la sortie de l'entrepót, si les tabacs y sont entrés, soit à la sortie de la douane si l'expédition pour l'intérieur a lieu immédiatement;

Dans l'un et l'autre cas, il sera perçu, par parties égales, en traites ou obligations suffisamment cautionnées, a trois, six, neuf et douze mois de terme.

22 Le droit de fabrication fixé par l'article 18 sera acquis sur les feuilles, soit étrangéres, soit indigénes, au moment de leur entrée dans les fabriques; il sera de même payable, par parties égales, en

traites ou obligations suffisamment cautionnées, a trois, six, neuf et douze mois de terme.

Section III.

Formalité pour l'expédition des tabacs étrangers.

23 Les tabacs étrangers en feuilles ne pourront sortir de la douane ni de l'entrepôt pour entrer dans l'énterieur, que sur une déclaration qui indiquera la fabrique à la quelle ils seront destinés.

24 Ils seront en outre accompagnés d'un acquit à caution, qui dans le délai porté au dit acquit et déterminé en raison des distances devra être représenté à l'entrée de ces tabacs en fabrique, au préposé de la régie des droits réunis, pour être déchargé par lui, sous peine d'une amende égale au quadruple du droit de fabrication des tabacs qui en seront l'objet, et dont le recouvrement sera poursuivi contre le soumissionnaire par le receveur de la douane, qui aura délivré l'acquit à caution.

25 Les acquis à caution seront portés sur un registre qui sera tenu a cet effet, par le préposé de la régie des droits réunis; un extrait de ce registre sera remis par le dit préposé au directeur de l'ar-

rondissement, qui après l'avoir légalisé, l'adressera au directeur général des douanes.

26 Tout tabac étranger en feuilles, qui sera trouvé dans l'intérieur sans être muni d'un acquit a caution, ou sans qu'il soit justifié, qu'il soit sorti de l'entrepôt des douanes, avec cette formalité, sera saisi et confisqué.

Lorsqu'il se trouvera dans un chargement une quantité de tabac en feuilles, supérieure à celle portée dans l'acquit à caution et que cette quantité excedera d'un 10.e le poids pour lequel l'acquit à caution aura été délivré, il y aura lieu à la confiscation de la totalité du chargement.

Au dessous du 10.e il y aura lieu seulement au payement du droit d'entrée pour l'excédent.

Cette vérification ne pourra être faite qu'à l'entrée des tabacs en fabrique.

27 Tout négoçiant qui à l'epoque de la publication de la présente loi aura en magasin des tabacs étrangers, sera tenu, sous peine de confiscation, d'en faire la déclaration dans les trois mois qui suivront cette publication; il ne pourra les faire sortir de ses magasins, que sur un acquit à caution qui sera soumis aux formalités prescrites par l'art. 25.

SECTION IV.

Réexportation et remise de droits à l'exportation du tabac fabriqué.

28 Les feuilles de tabac étranger, jouiront comme par le passé, de la faculté d'être réexportées à l'etranger en sortant de l'entrepôt sans payer de droit.

29 Il sera fait restitution du droit de fabrication aux tabacs de fabriques nationales, tant en poudre qu'en carottes, qui seront exportés a l'etranger.

30 Les tabacs fabriqués, destinés à l'exportation, ne pourront sortir des fabriques qu'après déclarations faites aux préposés de la régie, et munis d'un acquit à caution qui sera déchargé au bureau de la douane, par lequel leur sortie aura lieu.

Sur la représentation de cet acquit à caution déchargé, la restitution du droit sera effectuée par le bureau de la régie des droits réunis, qui aura perçu les droits de fabrication, dans la même fabrique, d'où l'expédition du tabac exporté aura été faite.

SECTION V.

Conditions pour l'établissement d'une fabrique de tabac.

31 A compter de la publication de la présente loi, aucune fabrique de tabac ne

pourra être établie dans l'étendue de la république, qu'en vertu d'une licence annuelle, dont le prix sera réglé pendant les 2 premières années par le gouvernement, a raison de la localité où les fabriques seront établies, de l'éloignement où elles seroient des villes ou d'autres fabriques, et des dépenses qu'entraineroient la surveillance à éxercer sur elles.

Les fabriques actuellement existantes seront tenues de se pourvoir des mêmes licences pour l'an 13 dans le délai qui s'écoulera depuis la date de la publication de la présente loi jusqu'au 1. vendemiaire an 13.

32 A l'expiration des deux premiéres années, le tarif des licences sera présenté au corps législatif, pour être converti en loi.

33 Le prix de la licence sera payable en une seule fois pour la première année. Il sera acquitté, les années suivantes par trimestre et d'avance.

34 Les fabriques de tabacs, les maisons dans lesquelles elles seront établies et leur magasins, seront soumis à la visite et à la surveillance des préposés de la régie des droits réunis, chargés de vérifier les quantités de feuilles indigénes ou éxotiques qui y seront entrées, de constater les produits de la fabrication comparés

avec les feuilles introduites, et d'assurer le payement des droits.

35 Tout fabricant de tabac sera tenu, en conséquence, de faire au bureau de la régie le plus voisin & avant le déchargement des voitures, la déclaration de la quantité de tabac en feuilles, soit indigénes, soit exotiques, qui sera destinée pour sa fabrique, sous peine de confiscation des quantités non déclarées, & d'une amende égale au prix de la licence à la quelle sa fabrique aura été taxée.

36 Il sera tenu, sous peine de perdre sa licence, d'avoir un registre coté et paraphé par le juge de paix, tant des tabacs en feuilles exotiques & indigénes, qu'il aura fait entrer dans sa fabrique, que des tabacs fabriqués, qu'il en aura fait sortir.

37 Les employés de la régie des droits réunis, pourront en prendre communications toutes les fois qu'ils le jugeront convenables.

38 Les tabacs fabriqués en carottes seront en outre marqués d'une marque particulière adoptée par la fabrique, & dont le type sera déposé ou greffe du tribunal, où sont portés les affaires de commerce et entre les mains du Directeur de la régie de l'arrondissement.

SECTION VI.

Conditions pour l'établissement d'un débit de tabac.

39. Les débitans de tabac seront a compter de la publication de la présente loi, & dans le délai qui s'écoulera depuis cette publication jusqu'au 1. Vendémiaire an 13, tenus de se pourvoir d'une licence pour la même année.

40 Le prix de ces licences sera déterminé, pour cette 1. année, par le Gouvernement, & fixé proportionnellement à la quantité de tabac que chaque débitant sera présumé vendre; sans pouvoir cependant excéder un décime par kilograme.

41 A l'expiration de cette 1. année, le tarif de ces licences sera présenté au corps législatif pour être converti en loi.

42 Le payement des licences des débitans de tabac aura lieu dans la forme réglée ci-dessus pour le payement des licences des fabricans.

43 Les débitans de tabac ne pourront avoir chez eux d'autres instrumens à tabac que ceux nécessaires pour moudre, ou raper. Ils ne pourront pulvériser que des tabacs fabriqués, qu'ils justifieront par représentation de leurs factures, d'avoir extrait des fabriques pourvues de licences;

ils ne pourront avoir à leur disposition des tabacs en feuilles, sous peine d'être réputés fabricants en fraude, & ils seront soumis à la visite des préposés de la régie des droits réunis.

44 Tout fabricant payant licence de fabriquer, ne pourra vendre par partie au dessous d'un kilograme, sans être pourvu d'une licence de débitant.

Section VII.
Des Contraventions.

45 Les instrumens, les tabacs en feuilles, et les tabacs fabriqués, qui seroient découverts dans des fabriques non pourvues de licence, ou dans leurs magasins, ou dans les entrepôts frauduleux, seront saisis et confisqués, et les contrevenens condamnés à une amende dont le montant ne pourra être au dessous de 1000. francs, ni excéder 3000. francs.

46. Tout fabricant qui sera convaincu d'avoir introduit dans sa fabrique, en fraude des droits de fabrication, des feuilles indigènes, sera condamné pour la 1.re fois à une amende qui ne sera jamais au dessous de 1000. francs, et qui pourra être portée à une somme égale au montant des droits de fabrication qu'il aura payés dans le cours d'une année.

Pour la seconde fois à une amende double de la première ;

Et pour la troisième indépendemment de cette double amende à la clôture de la fabrique.

Les tabacs introduits en fraude, et qui seront trouvés dans les fabriques, seront en outre saisis et confisqués.

47. L'amende sera double, s'il est convaincu d'avoir introduit des feuilles de tabac étranger en fraude des droits d'entrées ou de fabrication.

48 Les tabacs en carottes qui seroient trouvés chez les débitans de tabac, sans la marque prescrite par l'art. 38, et ceux dont la marque serait fausse, seront saisis et confisqués, et le contrevenent condamné, en outre à une amende égale au double prix de sa licence, sans préjudice de la poursuite en sauf, s'il y a lieu.

Extrait certifié conforme du bulletin des lois de la république française.

Pour copie conforme

signé LE-BRUN.

PAR SON ALTESSE SÉRÉNISSIME

Le Sécrétaire de ses commandemens,

signé BENOIT.

Droit réunis
N. 2.
TABACS

Publication de Loix à exécute, à compter du 1. Vendémiaire prochain an 14 (23 Settembre 1805.)

EXTRAIT

Des minutes de la Sécrétairerie d'état.

Au Quartier Général Impérial du Pont de Brique près Boulogne, le 30. thermidor an 12.

NAPOLÉON &c.

Art. 1. Le minimum de la licence de chaque débitant de tabac pour l'an 13. est réglé ainsi qu'il suit,

SAVOIR:

Pour les lieux de 500. ames et au dessous			fr. ,,	4
de 500.	à	1000.	,,	6
1000	à	1500.	,,	8
1500.	à	2000.	,,	10
2000.	à	5000.	,,	15
5000	à	10,000.	,,	20
10,000.	à	25.000.	,,	25
25,000.	à	50,000.	,,	30
50,000.	à	100,000.	,,	36
		pour Paris	,,	50

2. Conformement à l'art. 40. de la loi du 5. ventose an 12, chaque débitant payera un décime par kilograme sur la quantité de tabac qu'il vendra au de-la de celle qui fait la base de la licence.

3. Les frais de papier, impression, et timbre de la licence ne sont pas compris dans la fixation ci-dessus; ils ne pourront excéder 60. centimes.

4. Le ministre des finances est chargé de l'exécution du présent décret.

signé NAPOLÉON.

Extrait certifié conforme du bulletin des lois de la république française.

Pour copie conforme

L'ARCHI-TRÉSORIER DE L'EMPIRE

Signé LE-BRUN

Par son Altesse Sérénissime

Le Secrétaire de ses commandemens,

Signé BENOIT.

Droit réunis
N. 3.
TABACS.

Publication de Loix à exécuter, à compter du 1. Vendémiaire prochain an 14 (23. Settembre 1805.)

DÉCRET IMPERIAL
Du 1. Germinal an 13.

CHAPITRE II.

4 Les marchands et les débitans de tabac en gros et en détail, vendans sans licence, seront punis par la confiscation des tabacs trouvés dans leurs magasins et boutiques, et d'une amende égale a 10 fois le prix de la licence dont ils auroient été pourvus.

5 Dans les lieux, où les tabacs indigénes sont mis en vente, dans les marchés publics, les cultivateurs pourront porter et remporter leurs tabacs sans acquits à caution, les jours de marché seulement, et pour le marché, ou le retour du marché de leur arrondissement. Les tabacs achetés au marché ne pourront en être enlevés sans acquit à caution.

6 Les tabacs indigénes ne pourront être

enlevés et transportés du domicile du cultivateur, que sous acquits à caution, si ce n'est pour le marché de l'arrondissement; ils ne pourront être expediés que pour les fabricans ayant licences, les négocians, en gros ou les entrepôts que tiendra la régie.

7 Tout transport de tabac sans acquit à caution en contravention aux articles précédens sera puni de la confiscation, et d'une amende égale au triple droit de fabrication.

8 Les acquits à caution pour les tabacs indigènes ne pourront être déchargés que par les controleurs de la régie lorsqu'ils auront été déposés dans ses entrepôts et par les controleurs aux fabriques; lorsque les tabacs seront adressés à des fabricans; lorsque les tabacs seront adressés à un négociant en gros, le déchargement des voitures ne pourra être fait, qu'en présence des commis de la régie, et la décharge de l'acquit à caution ne sera donnée que par les controleurs. Le négociant ne pourra vendre sans déclaration et livrer que sur acquit à caution, tout ou partie des tabacs portés à sa charge; ses magasins seront soumis à la visite et à la surveillance des commis, et dans le cas où les dits tabacs seroient soustraits ou enlevés sans déclaration, le négociant

sera condamné à une amende qui sera égale à la valeur des tabacs manquants et aux droits de fabrication.

9 Les acquits à caution et leurs décharges seront expédiés selon les formes prescrites par le titre 3 de la loi du 22 août 1791. sur les douanes.

Extrait certifié conforme du bulletin des loix de la république française.

Pour copie conforme

L'ARCHI-TRÉSORIER DE L'EMPIRE
Signé LE-BRUN

Par son Altesse Sérénissime
Le Sécrétaire de ses commandemens,
Signé BENOIT

Droit réunis.

N. 1. N. 21.

Boissons & distilleries

Publication de Loix à exécuter à compter du 1. Vendemiaire prochain an 14 (23 Settembre 1805.)

EXTRAIT

De la loi du 5. ventose an 12.

CHAPITRE II.

SECTION PREMIÈRE.

49. Chaque année il sera fait dans les six semaines qui suivront la recolte, un inventaire pour constater les quantités des vins recueillis.

50. A cet effet les caves, celliers & magasins seront ouverts pendant ce tems, aux employés préposés au dit inventaire.

51. La même mesure aura lieu pour les cidres et poirés dans les six semaines qui suivront la fabrication.

52. Dans les villes murées ou reconnues fermées, où sont perçus des droits d'octrois, le gouvernement pourra sur la demande des conseils municipaux remplacer les formalités des inventaires en faisant

constater à l'entrée la quantité des vendanges & fruits en nature ou celles des vins, cidres & poirés, nouvellement fabriqués.

53. Le droit d'inventaire sera en ce cas perçu sur les boissons, et réglé a raison de *deux* hectolitres de vin, pour *trois* hectolitres de vendanges & de *deux* hect. de cidres ou poirés, pour *cinq* hectolitres de fruits, déduction faite d'un cinquième pour ouillage, coulage & consommation de famille.

54. Le propriétaire sera tenu de faire l'avance du droit sur les boissons à leur entrée dans les dites villes, & il en sera remboursé en cas de vente de ses boissons sur la représentation de la quittance donnée à son acheteur. qui avant l'enlévement aura fait la déclaration & acquitté le droit.

55. La quantité de vins, cidres & poirés ne sera inventoriée, que sous la deduction de 10. pour 100. pour ouillage & coulage.

56. Il sera payé lors de la vente des vins un droit de 40. centimes par hectolitres;

Lors de la vente des cidres & poirés, un droit de 16 centimes par hectolitre.

57. Les boissons faites avec de l'eau passée sur les marcs de raisin, pommes, ou poirés, ne seront sujettes ni au droit ni à l'inventaire.

58. L'acheteur sera tenu du payement du droit & le vendeur ne lui laissera enlever le vin, cidre, ou poiré que sur la représentation de la quittance qu'il devra retenir par devers lui;

59. Faute par le vendeur de s'être fait remettre & de représenter la dite quittance, au récolement d'inventaire qui sera fait à la fin de l'année; il sera responsable du droit pour tout le vin, cidre ou poiré qu'il ne pourra représenter, & dont il ne justifiera pas avoir acquitté le même droit.

60. Au récolement d'inventaire, s'il y a des quantités manquantes, il sera déduit par les employés *neuf hectolitres* de vin *& di huit hect.* de cidres, pour chaque famille de tout âge & de tout sexe, y compris les serviteurs à gage.

61. Le restant d'une année sera rapporté à l'inventaire de l'année suivante.

Extrait certifié conforme du bulletin des loix de la république française.

Pour copie conforme
L' Archi-Tresorier de l'Empire
LE-BRUN.

PAR SON ALTESSE SÉRÉNISSIME
Le Secrétaire de ses commandemens,
Benoit.

Droit réunis.

N. 2.

Boissons & Distilleries

Publication de Loix à éxécuter à compter du 1 Vendémiaire prochain (23. Settembre 1805.)

DÉCRET IMPÉRIAL

Du 1.er germinal an 13.

CHAPITRE I.

1. Les vins, cidres & poirés, nouvellement fabriqués, qui seront enlevés pendant la durée des inventaires fixée par l'*art.* 49. de la loi du 5. ventose an 12. sans avoir acquitté le droit au lieu de l'enlévement, ne pourront être introduits dans les villes, dans lesquelles les droits d'octrois sont perçus sans acquitter à l'entrée le droit d'inventaire. Les vendanges & fruits en nature acquitteront pareillement à l'entrée des dites villes, dans les cas prévus ci-dessus & sous la même reserve, le droit proportionnel, tel qu'il est fixé par l'*article* 53. de la même loi.

2. La déduction accordée pour consommation de famille par l'*article* 60. *de la*

loi du 5. *ventose an* 12 aura lieu pour les poirés, dans la même proportion, & dans le même cas que pour les cidres.

3. Ceux qui rècoltent à la fois, des vins, cidres & poirés, auront la faculté lors du récolement d'opter entre la déduction de neuf hectolitres de vin ou 18. hectolitres de cidre ou de poiré; & dans le cas où ils voudroient faire porter la deduction tant sur les vins que sur les cidres & poirés, elle ne pourra excéder la quotité a neuf hectolitres de vin, ou de dix-huit hectolitres de cidres.

Extrait certifié conforme du bulletin des loix de la république française.

Pour copie conforme

L'ARCHI-TRESORIER DE L'EMPIRE

Signé LE-BRUN

Par son Altesse Sérénissime

Le Secrétaire de ses commandemens

Signé BENOIT

Droits réunis
N. 3.
Distilleries

Publication de Loix à exécuter à compter du 1. Vendémiaire prochain an 14. (23. Settembre 1805)

EXTRAIT

De la loi du 5. ventose an 12.

TITRE V.

CHAPITRE II.

Section III.

66. Nul ne pourra distiller des vins, cidres, poirés, grains, mélasses, cerises, pommes de terre ou autres substances, qu'après en avoir fait sa déclaration aux employés préposés à cet effet & avoir obtenu une licence qui ne vaudra que pour l'année.

67. Cette déclaration sera faite, pour la 1.re fois, dans le mois qui suivra le jour où la présente loi sera exécutoire, & a l'avenir au commencement de l'année; ou, si c'est un établissement nouveau, avant d'y mettre le feu.

68. Il sera payé pour la licence un droit fixe de 10 francs.

69. Les distillateurs de grains de toute espèce & de cérises payeront en outre un droit de 40. centimes par hectolitre de substance mise en distillation.

70. Cette quantité sera évaluée par la contenance des chaudiéres, & en supposant que chaque chaudiére fasse deux distillations par jour, & travaille 25. jours par mois.

71. Le distillateur ou bouilleur qui voudra cesser d'être soumis au droit, sera tenu de faire, avant la fin du mois aux préposés sa déclaration qu'il veut cesser de distiller & en retirer certificat; faute de quoi il payera le mois commencé.

72. Avant de recommencer à distiller, le distillateur sera tenu de faire aux préposés une nouvelle déclaration.

73. Le droit sera payable, tous les mois, en numeraire.

Extrait certifié conforme du bulletin des loix de la république française.

Pour copie conforme

L'Archi-Tresorier de l'Empire
Signé LE-BRUN

Par Son Altesse Sérénissime
Le Secrétaire de ses commandemens
Signé Benoit.

Droit réunis
N. 4.
Distilleries

Publication de Loix à exécuter a compter du 1. Vendemiaire prochain an 14. (23. Settembre 1805)

DÉCRET IMPÉRIAL

Du 1.er germinal an 13.

CHAPITRE IV.

13. Si dans la distillation des pommes de terre on fait entrer du grain au delà de la proportion nécessaire pour le levain, la distillation sera soumise aux droits de l'art. 69. de la loi du 5. ventose & aux formalités des art. 70. 71. 72. & 73. La proportion de ce levain sera réglée d'après la contenance des chaudières

Extrait certifié conforme du bulletin des loix de la république française.

Pour copie conforme

L' ARCHI-TRÉSORIER DE L' EMPIRE
Signé LE-BRUN

Par Son Altesse Sérenissime
Le Secrétaire de ses commandemens,
Signé BENOIT.

Droits réunis

N. 1. N. 22.

Biérre

Publication de Loix à exécuter à compter du 1. Vendemiaire prochain an 14. (23 Settembre 1805.)

EXTRAIT

De la loi de 5. Ventose an 12.

CHAPITRE II.

Section II.

62 Tout brasseur de biére sera tenu de déclarer aux employés préposés à cet effet, I. la contenance de ses chaudiéres, laquelle pourra être vérifiée; II. chaque mise de feu qu'il fera; III. le moment de l'entonnage de la biére après la cuite, pour qu'il soit fait en présence de l'employé, s'il le juge convenable.

63 Il sera payé par le brasseur, sur la quantité de biére par lui fabriquée un droit de quarante centimes par hectolitre, quelque soit la qualité de la biére.

La quantité sera évaluée, en comptant pour chaque mise de feu, la contenance de la chaudiére, quand elle ne serait pas entiérement pleine.

Il sera seulement déduit pour ouillage et coulage et autres accidens, quinze pour cent.

64 Les brasseurs auront un compte ouvert avec les employés chargés de les exercer.

Tous les trois mois ce compte sera reglé et les brasseurs payeront les droits dus à cette époque, en effets de commerce duement cautionnés et à quatre vingt dix jour de date au plus.

65 Celui qui ne brassèra que pour la consommation de sa maison, ne sera point soumis au payement du droit.

Il sera tenu seulement de faire sa déclaration aux préposés et de souffrir leur visite.

S'il est reconnu qu'il vende de la biére, il sera soumis aux mêmes peines que les brasseurs pris en contravention.

Extrait certifié conforme du bulletin des loix de la république française.

Pour copie conforme

L'ARCHI-TRÉSORIER DE L'EMPIRE
Signé LE-BRUN

Par son Altesse Sérénissime
Le Secrétaire de ses Commandemens,
Signé BENOIT.

Droit réunis

N. 2.

BIÉRE.

Publication de Loix à exécuter à compter du 1. Vendémiaire prochain an 14. (23. Settembre 1805.)

DÉCRET IMPERIAL

Du 1. Vendémiaire an 13.

CHAPITRE IV.

14 L'épalement des chandiéres servant à la fabrication de la biére sera fait en présence du propriétaire, par les employés de la régie, qui les marqueront des N.os nécessaires pour les distinguer et pour indiquer leur contenance en hectolitres ; il sera dressé procès-verbal de cette opération.

15 L'entonnement de la biére ne sera fait dans les brasseries que pendant le jour, savoir : du 1. vendémiaire, au 1. germinal, depuis sept heures du matin jusqu'a cinq heures du soir ; et du 1. germinal, au 1. Vendémiaire depuis cinq heures du matin jusqu'a huit heures du soir.

16 L'exemption du droit accordé par l'art. 65 de la loi du 5 ventose an 12 à ceux qui ne brassent que pour leur con-

sommation, ne peut s'étendre ni aux brasseurs, ni aux particuliers qui font brasser la biére hors de leur domicile, ou qui empruntent ou louent à des brasseurs domiciliés, les chaudieres et autres ustenciles nécéssaires à la fabrication de la biére; les brasseries ambulantes sont interdites.

17 Les brasseurs de biére sont tenus de souffrir les visites des employés de la régie et de leur ouvrir sur leur réquisition, leurs brasseries, atteliers, magasins caves, celliers, ainsi que de leur représenter les biéres qu'ils ont en leur possession; ils sont tenus de faire sceller les portes de communication des brasseries avec les maisons voisines.

18 Toute contravention aux articles ci-dessus, sera poursuivie et punie ainsi qu'il est prescrit par les art. 65 et 76 des loix du 5 ventose an 12.

Extrait certifié conforme du bulletin des loix de la république française.

Pour copie conforme

L'Archi-Trésorier de l'Empire

Signé LE-BRUN

Par Son Altesse Sérénissime

Le Secrétaire de ses commandemens,

Signé Benoit.

Droits réunis

N. 1. N. 23.

Voitures publiques.

Publication de Loix à exécuter à compter du 1. Vendémiaire prochain an 14. (23 Settembre 1805.)

EXTRAIT

De la loi du 9. Vendémiaire an 6 relative aux droits sur les places dans les voitures publiques.

Art. 68. A compter du 1.er Brumaire prochain, il sera perçu au profit du trésor public un dixième du prix des places dans les voitures exploitées par des entrepreneurs particuliers ; il ne sera rien perçu sur les effets et marchandises portés par les dites voitures, ni sur les places établies sur l'impériale.

69 Tout citoyen qui entreprendra des voitures publiques de terre ou d'eau partant a jour ou à heure fixe ou pour des lieux déterminés, sera tenu de fournir aux préposés de la régie de l' enrégistrement, sa déclaration contenant :

I. L'énonciation de la route ou des routes que sa voiture ou ses voitures doivent parcourir.

II. L'espéce, le nombre de voitures qu'il employera, et la quantité des places qu'elles contiennent dans l'intérieur de la voiture, et du cabriolet qui y tiendroit.

III. Le prix de chaque place par suite de laquelle déclaration les dites voitures seront vérifiées, inventariées et estampées.

70 Tout entrepreneur de voitures suspendues partant d'occasions, ou à volonté, sera tenu de fournir la déclaration de sa voiture ou de ses voitures et de payer chaque année pour tenir lieu du 10e imposé sur les autres voitures publiques, ainsi qu'il suit :

Pour une Voiture	à 2 roues & 2 places y	fr.	20
	2 roues & 4 places y	»	35
	2 id. & 6 id. y	»	45
	2 id. & 8 id. y	»	60
	2 id. & 9 id. & audessus y	»	70
	à 4 id. & 4 id. y	»	40
	4 id. & 6 id. y	»	50
	4 id. & 8 id. y	»	65
	4 id. & 9 id. & au dessus	»	75

71 Le calcul du produit de chaque voiture, sera fait dans la supposition que toutes les places seroient occupées ; l'entrepreneur sera tenu de verser chaque décade au Receveur du droit de l'enrégistrement (*) le 10e de ce produit, sous la déduction abonnée, par la

(*) *Lisez des droits réunis.*

présente loi d'un quart pour tenir lieu d'indemnités pour les places vuides que pourroient éprouver les dites voitures.

72 Tout entrepreneur convaincu d'avoir omis de faire sa declaration, ou d'en avoir fait une fausse, sera condamné à la confiscation des voitures, harnois, et à une amende qui ne pourra être moindre de 100 fr. et plus forte de 1000 fr.

73 Quant aux voitures d'eau, la régie de l'enrégistrement est autorisée à régler leur abonnement, d'après le nombre moyen des voyageurs qu'elles transportent annuellement; et dans le cas de contestation ou de difficultés, sur la quotité de cet abonnement, le ministre des finances prononcera.

74 Les droits sur les voitures publiques de terre et d'eau, continueront d'être perçus sur le pied fixé par la loi du 9 vendémiaire an 6 et celles ultérieures.

75 Il sera en outre perçu un 10e du prix payé aux entrepreneurs des voitures publiques de terre, pour le transport de marchandises qu'elles feront.

Cette perception se fera sur les vues des registres tenus dans leurs bureaux et des feuilles remises à leurs conducteurs, postillons, cochers ou voituriers, lesquelles feuilles les employés auront droit de se faire représenter, de compulser et vérifier.

Extrait certifié conforme du bulletin des loix de la république française.

Pour copie conforme

L' ARCHI-TRÈSORIER DE L' EMPIRE
Signé LE-BRUN

Par son Altesse Sérénissime
Le Secrétaire de ses commandemens,
Signé BENOIT.

Droits réunis

N. 2.

Voitures publiques

Publication de Loix à exécuter à compter du 1 Vendémiaire prochain an 14. (23. Settembre 1805.)

DÉCRET IMPÉRIAL

Rendu à Mons le 14 fructidor an 12.

EXTRAIT

Des minutes de la Secrétairerie d' Etat. Mons le 14 fructidor an 12.

NAPOLÉON par la grace de Dieu et par les Constitutions de la République, Empereur des FRANÇAIS.

Sur le rapport du Ministre des Finances.

LE CONSEIL D' ETAT éntendu, décréte.

Art. 1 Tout entrepreneur de voitures publiques a destination fixe, et faisant le service d'une même route, ou d'une ville à une autre, est compris dans les dispositions des articles 68 et 69 de la loi du 9 Vendémiaire an 6 et est comme tel soumis à leur éxécution, ainsi qu'à celle des articles 74 et 75 de la loi du 5 Ventose an 11.

2 Ne sont pas compris dans l'art. précédent

I. Les voitures qui ne portent pas des voyageurs.

II. Celles restant sur place, ou purement de louages et qui partent indiféremment à quelque jour, et quelque heure et pour quelque lieu que ce soit, sur la réquisition des voyageurs.

3 Les entrepreneurs de voitures publiques, autres que celles mentionées en l'article 2. tiendront des registres en papier timbré, cotés et paraphés par le sous-Préfet de leur arrondissement, ou tel autre officier public, commis à cet effet par le Préfet du département; ils y enregistreront jour par jour, toutes les personnes et marchandises dont ils entreprendront le transport, ainsi que le prix des places, la nature, le poids et les prix du port des paquets et marchandises. Les dits registres seront visés par les préposés des droits réunis de l' arrondissement.

4 La perception du 10e du prix du port des marchandises crée par l' art. 75 de la loi du 5 Ventose an 12 s'établira sur le vû des dits registres, qui serviront à constater la fidelité des déclarations, du nombre et du prix des places de chaque voiture: a cet effet, les entrepreneurs ou leurs commis, communiqueront sans

déplacement aux préposés de la régie des droits réunis, et à toute réquisition, non seulement les registres d' enrégistremens journaliers ci-dessus désignés, mais encore, tout espèce de registres de controle et de recette, qu'ils auront établis dans leur manutention.

Seront considerés comme marchandises sujettes au droit du 10ᵉ tous les objets qui donneront lieu à une perception au profit de l'entreprise.

5 Les entrepreneurs remettront à leurs conducteurs, cochers, postillons ou voituriers au moment de leur départ, une feuille de route, portant le N.° de l'estampille de la voiture, le nom de l'entrepreneur, et celui du conducteur; ainsi que le nombre des places de la voiture. Cette feuille certifiée de l'entrepreneur, ou d'un de ses commis, presentera litéralement, art. par art. les enrégistremens, ainsi que les prix des places et du port des objets portés au registre.

Tout chargement fait dans le cours de la route, sera inscrit sur la dite feuille et raporté au registre du bureau d'arrivée.

6 Les préposés de la régie des droits réunis sont autorisés à assister au chargement et déchargement des voitures, tant au lieu du départ qu'au lieu d'arrivée, que dans le cours de la route; à viser les registres et feuilles de route; à en vérifier l'éxactitude; à en pren-

dre copie, et à dresser procès-verbal de toute contravention.

7 Sont exceptés du droit du 10e et du droit fixe les courriers chargés du transport des dépêches dans les malles affectées à ce service par l'administration des postes et à elle appartenant.

Les entrepreneurs particuliers de ce service seront tenus de payer le 10e du prix des places des voyageurs qu'ils conduiront, et des paquets autres que ceux des dépêches, qu'ils transporteront.

8 Il sera délivré à chaque entrepreneur de voitures publiques, par les préposés des droits réunis, autant de *laisser passer* conforme à sa déclaration, qu'il aura de voitures en circulation. Les conducteurs seront tenus d'en être toujours porteurs et de les representer à toute réquisition, a tout préposé de la régie des droits réunis.

9 Lorsque les entrepreneurs suspenderont le service d'une voiture, pour la mettre en réparation, celle qu'ils y substitueront, devra également être déclarée et estampillée, et ne pourra être d' une capacité excédente, sans acquitter le droit, en raison de l' excédent des places qui sera verifié par les commis de la régie.

10 Tout emploi de faux registres et de fausses feuilles, ou défaut d'enrégistrement

sera constaté par procès-verbal, pour poursuivre les contrevenants, conformement à l'article 76 de la loi du 5 Ventose an 12, sans préjudice des poursuites extraordinaires, pour crime de faux, suivant les cas.

Les peines pécuniaires ne pourront être remises, ni modérées, si ce n'est par transaction, en conformité de l'artic. 23 du reglement général du 5 germinal an 12.

11 En cas de résistance, voies de fait, ou insultes de la part des conducteurs, cochers, postillons, et voituriers; il y aura lieu à l'application des peines portées a l'art. 15 de la loi du 27 frimaire an 8 sur l'organisation générale des octrois.

12 Le Ministre des finances est chargé de l'éxécution du présent décret.

signé **NAPOLEON**

Par l'Empereur, le Secrétaire d'Etat.
signé Hugues-B. Maret.

Extrait certifié conforme du bulletin des loix de la république française.

Pour copie conforme

L'Archi-Trésorier de l'Empire

Signé LE-BRUN

Par son Altesse Sérénissime

Le Secrétaire de ses Commandemens,

Signé Benoit

Droits réunis.

N. 1. N. 24.

Marc d'or et d'argent.

Publication de Loix à exécuter à compter du 1. Vendémiaire prochain an 14. (28 Settembre 1805.)

EXTRAIT

De la loi du 19 brumaire an 6.

TITRE I.

Section I.

Des titres des ouvrages d'or et d'argent.

Art. 1 Tous les ouvrages d'orfévrerie et d'argenterie fabriqués en france doivent être conformes aux titres prescrits par la loi, respectivement, suivant leur nature.

2 Ces titres, ou la quantité de fin contenue dans chaque pièce, s'exprimeront en millièmes. Les anciennes dénominations de karats et de deniers, pour exprimer le degré de pureté des métaux précieux, n'auront plus lieu.

4 Il y a trois titres légaux pour les ou-

vrages d'or et deux pour les ouvrages d'argent ; savoir, pour l'or,

Le premier, de 920 millièmes (ou 22 karats 2/32 et 1/2 environ) ;

Le second, de 840 millièmes (20 karats 5/32 et 1/8) ;

Le troisième, de 750 millièmes (18 karats) ;

Et pour l'argent,

Le premier, de 950 millièmes (11 deniers 9 grains 7/10) ;

Le second, de 800 millièmes (9 deniers 11 grains 1/2).

5 La tolérance des titres pour l'or est de trois millièmes ;

Celle des titres pour l'argent est de cinq millièmes.

6 Les fabricans peuvent employer, à leur gré, l'un des titres mentionnés à l'article 4, respectivement pour les ouvrages d'or et d'argent, quelle que soit la grosseur ou l'espèce des pièces fabriquées.

Section II.

Des poinçons.

7 La garantie du titre des ouvrages et matières d'or et d'argent est assurée par des poinçons ; ils sont appliqués sur chaque pièce, en-

suite d'un essai sur la matière, et conformément aux règles établies ci-après.

8 Il y a pour marquer les ouvrages tant en or qu'en argent trois espèces principales de poinçons; savoir,

Celui du fabricant,

Celui de titre,

Et celui du bureau de garantie.

Il y a d'ailleurs deux petits poinçons, l'un pour les menus ouvrages d'or, l'autre pour les menus ouvrages d'argent trop petits pour recevoir l'empreinte des trois espèces de poinçons précédentes.

Il y a de plus un poinçon particulier pour les vieux ouvrages dits *de hazard*;

Un autre pour les ouvrages venant de l'étranger;

Une troisième sorte pour les ouvrages doublés ou plaqués d'or ou d'argent;

Une quatrième sorte, dite *poinçon de recense*, qui s'applique par l'autorité publique, lorsqu'il s'âgit d'empêcher l'effet de quelque infidélité relative aux titres et aux poinçons;

Enfin, un poinçon particulier pour marquer les lingots d'or et d'argent affinés.

9 Le poinçon du fabricant porte la lettre initiale de son nom, avec un symbole; il peut être gravé par tel artiste qu'il lui plait de choisir, en observant les formes et proportions établies par l'administration des monnaies.

10 Les poinçons de titre ont pour empreinte un coq, avec l'un des chiffres arabes 1, 2, 3, indicatif des premier, second et troisième titres, fixés dans la précédente section. Ces poinçons sont uniformes dans toute la république; chaque sorte de ces poinçons a d'ailleurs une forme particulière qui la différencie aisément à l'œil.

11 Le poinçon de chaque bureau de garantie a un signe caractéristique particulier, qui est determiné par l'administration des monnaies.

Ce signe est changé toutes les fois qu'il est nécéssaire, pour prévenir les effets d'un vol ou d'une infidélité.

12 Le petit poinçon destiné à marquer les menus ouvrages d'or a pour empreinte une tête de coq; celui pour les menus ouvrages d'argent porte un faisceau.

13 Le poinçon de vieux, destiné uniquement à marquer les ouvrages dits *de hazard*, représente une hache.

Celui pour marquer les ouvrages venant de l'étranger contient les lettres ET.

14 Le poinçon de chaque fabricant de doublé ou de plaqué a une forme particulière déterminée par l'administration des monnaies. Le fabricant ajoute en outre sur chacun de ses ouvrages, des chiffres indicatifs de la quantité d'or et d'argent qu'il contient.

15 Le poinçon de recense est également

déterminé par l'administration des monnaies, qui le différencie à raison des circonstances.

16. Le poinçon destiné à marquer les lingots d'or ou d'argent affinés, est aussi déterminé par l'administration des monnaies: il est uniforme dans toute la france.

17. Tous les poinçons désignés dans les articles 10, 11, 12, 13, 15, & 16, sont fabriqués par le graveur des monnaies, qui les fait parvenir dans les divers bureaux de garantie, & en conserve les matrices.

Le poinçon destiné pour les lingots affinés, n'est déposé que dans les bureaux de garantie dans l'arrondissement desquels il se trouve des affineurs à la chambre de délivrance de la monnaie de Paris, pour l'affinage national.

18. Lorsqu'on ne fait point usage de ces poinçons, il sont enfermés dans une caisse à trois serrures, & sous la garde des employés des bureaux de garantie, comme il sera dit ci-après.

19. Les fabricans de faux poinçons, & ceux qui en feraient usage, seront condamnés à dix ans de fers, & leurs ouvrages confisqués.

20. Les poinçons servant actuellement à constater les titres & l'acquit des droits de marque, seront biffés immédiatement après que les poinçons ordonnés par la présente loi seront en état d'être employés.

TITRE II.

Des droits de garantie sur les ouvrages & matières d'or & d'argent.

21. Il sera perçu un droit de garantie sur les ouvrages d'or & d'argent de toute sorte, fabriqués à neuf.

Ce droit sera de vingt francs par hectogramme (trois onces deux gros douze grains) d'or, & d'un franc par hectogramme d'argent, non compris les frais d'essai ou de touchaud.

22. Il ne sera rien perçu sur les ouvrages d'or & d'argent dits *de hazard*, remis dans le commerce; ils ne sont assujétis qu'à être marqués une seule fois du poinçon de vieux, ordonné par l'article 8. de la présente loi.

23. Les ouvrages d'or & d'argent venant de l'étranger devront être présentés aux employés des douanes sur les frontières de la république, pour y être déclarés, pesés, plombés & envoyés au bureau de garantie le plus voisin, où ils seront marqués du poinçon ET, & payeront des droits égaux à ceux qui sont perçus pour les ouvrages d'or & d'argent fabriqués en france.

Sont exceptés des dispositions ci-dessus, 1. les objets d'or & d'argent appartenant aux ambassadeurs & envoyés des puissances étrangères.

II. Les bijoux d'or à l'usage personnel des voyageurs, et les ouvrages en argent servant également à leur personne, pourvu que leur poids n'excède pas en totalité cinq hectogramme (16 onces 2 gros 60 grains 1/2).

24. Lorsque les ouvrages d'or et d'argent venant de l'étranger, et introduits en france en vertu des exceptions de l'article précédent, seront mis dans le commerce, ils devront être portés au bureau de garantie, pour y être marqués du poinçon déstiné à cet effet; & il sera payé, pour les dits ouvrages, le même droit que pour ceux fabriqués en france.

25. Lorsque les ouvrages neufs d'or et d'argent fabriqués en france, & ayant acquitté les droits, sortiront de la république comme vendus ou pour l'être à l'étranger, les droits de garantie seront restitués au fabricant, sauf la retenue d'un tiers.

26. Cette restitution sera faite par le bureau de garantie qui aura perçu les droits sur les dits ouvrages, ou, à défaut de fonds, par une traite sur le bureau de garantie de Paris. Cette restitution n'aura lieu cependant que sur la représentation d'un certificat de l'administration des douanes, muni de son sceau particulier, et qui constate la sortie de france des dits ouvrages.

Ce certificat devra être rapporté dans le délai de trois mois.

28. Les ouvrages déposés au mont de piété, et dans les autres établissemens destinés à des ventes ou à des dépôts de ventes, sont assujétis à payer les droits de garantie, lorsqu'ils ne les ont pas acquittés avant le dépôt.

29. Les lingots d'or et d'argent affinés payeront un droit de garantie avant de pouvoir être mis dans le commerce.

Ce droit sera

Pour l'or, de 8 francs 18 centimes par kilogrammes (ou deux francs par marc);

Et pour l'argent, de 2 francs 4 centimes par kilogrammes (ou 10. sous par marc).

Les lingots dits *de tirage* ne payéront qu'un droit de 82 centimes par kilogrammes (ou 4. sous par marc).

TITRE IV.

Des bureaux de garantie.

34. Il y aura des bureaux de garantie établis pour faire l'essai et constater les titres des ouvrages d'or & d'argent, ainsi que des lingots de ces matières qui y seraient apportés; et pour percevoir, lors de la marque de ces ouvrages ou matières, les droits imposés par la loi.

35. Ces bureaux seront placés dans les communes où ils seront le plus avantageux au com-

merce ; le nombre en est fixé provisoirement à deux cents au plus pour toute la france. Le placement de ces bureaux et les lieux compris dans leur arrondissement seront déterminés par le directoire exécutif, sur la demande motivée des administrations de départemens et sur l'avis de celle des monnaies.

36. Les bureaux de garantie seront composés de trois employés, savoir, un essayeur, un receveur et un contrôleur : mais à Paris et dans les autres communes populeuses, le ministre des finances pourra autoriser un plus grand nombre d'employés, à raison des besoins du commerce.

37. L'administration des monnaies surveillera les bureaux de garantie relativement à la partie d'art et au maintien de l'exactitude des titres des ouvrages d'or et d'argent mis dans le commerce.

38. La régie des droits réunis surveillera les bureaux de garantie relativement aux dépenses et au recouvrement des droits à percevoir.

39. L'essayeur de chaque bureau de garantie sera nommé par l'administration du département, où ce bureau est placé ; mais il ne pourra en exercer les fonctions qu'après avoir obtenu de l'administration des monnaies un certificat de capacité, aux mêmes conditions prescrittes par l'article 59 de la loi du 22 vendémiaire sur l'organisation des monnaies.

40. La régie des droits réunis nommera le receveur de chaque bureau de garantie, ou en fera faire les fonctions par l'un de ses préposés, dans les communes où cette cumulation de fonctions ne serait nuisible ni à l'un ni à l'autre service.

41. Les contrôleurs des bureaux de garantie seront nommés par le ministre des finances, sur la proposition de l'administration des monnaies.

42. Les essayeurs n'auront d'autre rétribution que celle qui leur est allouée pour les frais de chaque essai d'or et d'argent, ainsi qu'il sera dit dans le titre suivant.

43. Les traitemens des receveurs et des contrôleurs seront gradués à raison de l'importance et de l'étendue de leurs fonctions : ces traitemens ne pourront excéder, savoir, 3,000. francs à Paris, 2,400. francs dans les communes au dessus de cinquantemille ames, et 1,800. francs dans les autres.

44. L'essayeur se pourvoira, à ses frais, de tout ce qui est nécéssaire à l'exercice de ses fonctions; l'administration des monnaies fournira au bureau les poinçons et la machine à estamper : les frais de registres et autres seront réglés par la régie des droits réunis, sous l'approbation du ministre des finances; l'administration du département procurera un local convenable au bureau, qui devra être placé,

autant que possible, dans celui de la municipalité du lieu.

45 L'essayeur, le receveur et le contrôleur du bureau de garantie auront chacun une des clefs de la caisse dans laquelle seront renfermés les poinçons.

46 Les employés des bureaux qui calqueraient les poinçons, ou qui en feraient usage sans observer les formalités prescrites par la loi, seront destitués, et condamnés à un an de détention.

47 Aucun employé aux bureaux de garantie ne laissera prendre de calque, ni ne donnera de description, soit verbale, soit par écrit, des ouvrages qui sont apportés au bureau, sous peine de destitution.

TITRE V.

Des fonctions des employés des bureaux de garantie.

48 L'essayeur ne recevra les ouvrages d'or, et d'argent qui lui sont présentés pour être essayés & titrés, que lorsqu'ils auront l'empreinte du poinçon du fabricant, & qu'ils seront assez avancés pour qu'en les finissant ils n'eprouvent aucune altération.

49 Les ouvrages provenant de différentes fontes devront être envoyés au bureau de ga-

rantie dans des sacs séparés, et l' essayeur en fera l'essai séparément.

50 Il n'emploiera dans ses opérations que les agens chimiques et substances provenant du dépôt établi dans l'hôtel des monnaies de Paris; mais les frais de transport de ces substances et matières seront compris dans les frais d'administration du bureau.

51 L'essai sera fait sur un mélange de matiéres prises sur chacune des piéces provenant de la même fonte Ces matières seront grattées ou coupécs tant sur les corps des ouvrages que sur les accessoires, de manière que les formes et les ornemens n'en soient par détériorés.

52. Lorsque les pièces auront une languette forgée ou fondue avec leurs corps, c' est en partie sur cette languette, et en partie sur le corps de l'ouvrage, que l' on fera la prise d'essay.

53 Lorsque les ouvrages d'or et d'argent seront à l'un des titres prescrits respectivement pour chaque espèce par l'article 4 de la présente loi, l'essayeur en inscrira la mention sur un registre destiné à cet effet, et qui sera coté et paraphé par l'administration départementale: les dits ouvrages seront ensuite donnés au receveur, avec un extrait du registre de l'essayeur indiquant le titre trouvé.

54 Le receveur pésera les ouvrages qui lui seront ainsi transmis, et percevra le droit de

garantie qu'ils doivent conformément à la loi. Il fera ensuite mention sur son registre, qui sera coté et paraphé comme celui de l' essayeur, de la nature des ouvrages, de leurs titres, de leur poids, & de la somme qui lui aura été payée pour l'acquittement du droit; enfin il inscrira sur l'extrait du registre de l'essayeur, le poids des ouvrages, la mention de l'acquittement du droit, & remettra le tout au contrôleur.

55 Le contrôleur aura un registre coté et paraphé comme ceux de l'essayeur & du receveur; il y transcrira l'extrait du registre accompagnant chaque pièce à marquer, &, conjointement avec le receveur et l'essayeur, il tirera de la caisse à trois serrures, le poinçon du bureau & celui indicatif du titre, soit de l'or soit de l'argent, ou le poinçon dont les menus ouvrages doivent être revêtus & il les appliquera en présence du propriétaire.

56 Les ouvrages d'or et d'argent qui, sans être au dessous du plus bas des titres fixés par la loi, ne seraient pas précisément à l'un d'eux, seront marqués au titre légal immédiatement inférieur à celui trouvé par l'essai, ou seront rompus si le propriétaire le préfère.

57 Lorsque le titre d'un ouvrage d'or ou d'argent sera trouvé inférieur au plus bas des titres prescrits par la loi, il pourra être procédé à un second essai, mais seulement sur a demande du propriétaire.

Si le second essai est confirmatif du premier, le propriétaire payera le double essai et l'ouvrage lui sera remis après avoir été rompu en sa présence.

Si le premier essai est infirmé par le second, le propriétaire n'aura qu'un seul essai à payer.

58 En cas de contestation sur le titre, il sera fait une prise d'essai sur l'ouvrage, pour être envoyée, sous les cachets du fabricant et de l'essayeur, à l'administration des monnaies, qui la fera essayer dans son laboratoire, en présence de l'inspecteur des essais.

59 Pendant ce tems, l'ouvrage présenté sera laissé au bureau de garantie, sous les cachets de l'essayeur & du fabricant ; & lorsque l'administration des monnaies aura fait connaitre le résultat de son essai, l'ouvrage sera définitivement titré et marqué conformément à ce résultat.

60 Si c'est l'essayeur qui se trouve avoir été en défaut, les frais de transport & d'essai seront à sa charge : au cas contraire, ils seront supportés par le propriétaire de l'objet.

61 Lorsqu'un ouvrage d'or, d'argent ou de vermeil, quoique marqué d'un poinçon indicatif de son titre, sera soupçonné de n'être pas au titre indiqué, le propriétaire pourra l'envoyer à l'administration des monnaies, qui le fera essayer avec les formalités prescrites pour l'essai des monnaies.

Si cet essai donne un titre plus bas, l'essayeur sera dénoncé aux tribunaux & condamné pour la première fois à une amende de deux cents francs, pour la seconde à une amende de six cents francs et la troisième fois il sera destitué.

62 Le prix d'un essai d'or, de doré, & d'or tenant argent, est fixé à trois francs & celui d'argent à quatre vingt seize centimes (seize sous).

63 Dans tous les cas, les cornets & boutons d'essai seront remis au propriétaire de la pièce.

64 L'essai des menus ouvrages d'or par la pierre de touche, sera payé neuf centimes par décagramme (deux gros quarante quatre grains & demi environ) d'or.

65 Si l'essayeur soupçonne aucun des ouvrages d'or, de vermeil ou d'argent, d'être fourré de fer, de cuivre, ou de toute autre matière étrangère, il le fera couper en présence du propriétaire. Si la fraude est reconnue, l'ouvrage sera saisi et confisqué, et le délinquant sera dénoncé aux tribunaux et condamné à une amende de vingt fois la valeur de l'objet.

Mais, dans le cas contraire, le dommage sera payé sur le champ au propriétaire, et passé en dépense comme frais d'administration.

66 Les lingots d'or et d'argent non affinés

qui seraient apportés à l'essayeur du bureau de garantie pour être essayés, le seront par lui, sans autres frais que ceux fixés par la loi pour les essais Ces lingots, avant d'être rendus au propriétaire, seront marqués du poinçon de l'essayeur, qui en outre insculpera son nom, des chiffres indicatifs du vrai titre, et un numéro particulier. L'essayeur fera mention de ces divers objets sur son registre, ainsi que du poids des matieres essayées.

67 L'essayeur qui contreviendrait au précédent article, serait condamné à une amende de cent francs pour la première fois, de deux cents francs pour la seconde et la troisième fois il serait destitué.

68 L'essayeur d'un bureau de garantie peut prendre, sous sa responsabilité, autant d'aides que les circonstances l'exigeront.

69 Le receveur et le contrôleur du bureau de garantie feront respectivement mention sur leurs registres, de l'apposition qu'ils auront faite soit du poinçon de vieux, soit de celui d'étranger, soit de celui de recense, sur les ouvrages qui auront dû en être revêtus, ainsi que du poinçon de garantie sur les lingots affinés, de la perception des droits qui aura pu en résulter, et du poids de chaque objet.

70 Le controleur visera les états de recettes et de dépenses du bureau.

71 Les employés des bureaux de garantie

feront les recherches, saisies ou poursuites, dans les cas de contravention à la présente loi, comme il sera dit au titre 8.

TITRE VI.

SECTION I.

Des obligations des fabricans et marchands d'ouvrages d'or et d'argent.

72 Les anciens fabricans d'ouvrages d'or et d'argent et ceux qui vondront exercer cette profession, sont tenus de se faire connaître à l'administration de département, et à la municipalité du canton, où ils résident et de faire insculper dans ces deux administrations leur poinçon particulier, avec leur nom, sur une planche de cuivre à ce destinée. L'administration de département veillera à ce que le même symbole ne soit pas employé par deux fabricans de son arrondissement.

73 Quiconque se borne au commerce d'orfévrerie sans entreprendre la fabrication, n'est tenu que de faire sa déclaration à la municipalité de son canton, et est dispensé d'avoir son poinçon.

74 Les fabricans et marchands d'or et d'argent ouvrés ou non ouvrés, auront, un mois au plus tard après la publication de la présente loi, un registre coté et paraphé par l'ad-

ministration municipale, sur lequel ils inscriront la nature, le nombre et le titre des matières et ouvrages d'or et d'argent qu'ils achèteront ou vendront, avec les noms et demeure de ceux de qui ils les auront achetés.

75 Ils ne pourront acheter que des personnes connues ou ayant des répondans à eux connus.

76 Ils sont tenus de présenter leur registre à l'autorité publique toutes les fois qu'ils en seront requis.

77 Ils porteront au bureau de garantie dans l'arrondissement duquel ils sont placés, leurs ouvrages, pour y être essayés, titrés et marqués, ou, s'il y a lieu, être simplement revêtus de l'une des empreintes de poinçon prescrites à la deuxième section du titre I.

78 Ils mettront dans le lieu le plus apparent de leur magasin ou boutique, un tableau énonçant les articles de la présente loi relatifs aux titres et à la vente des ouvrages d'or et d'argent.

79 Ils remettront aux acheteurs des bordereaux énonciatifs de l'espèce, du titre et du poids des ouvrages qu'ils leur auront vendus et désignant si ce sont des ouvrages neufs ou vieux.

Ces bordereaux, préparés d'avance et qui seront fournis au fabricant ou marchand par la régie des droits réunis, auront, dans toute la république, le même formulaire, qui sera imprimé : le vendeur y écrira à la main la désignation de l'ouvrage vendu, soit en or, soit en argent, son poids et son titre, distingué par ces mots, *premièr*, *second* ou *troisième*, suivant la réalité ; il y mettra de plus le nom de la commune où se fera la vente, avec la date et sa signature.

80 Les contrevenans à l'une des dispositions prescrites dans les huit articles précédens, seront condamnés, pour la première fois, à une amende de 200 francs ; pour la seconde, à une amende de 500 francs, avec affiche, à leurs frais, de la condamnation, dans toute l'étendue du département ; la troisième fois, l'amende sera de mille francs et le commerce de l'orfévrerie leur sera interdit, sous peine de confiscation de tous les objets de leur commerce.

81 Les articles 73, 74, 75, 76, 78, 79 et 80 sont applicables aux fabricans et marchands de galons, tissus, broderies, ou autres ouvrages en fils d'or ou d'argent.

Ceux qui vendraient pour fins des ouvrages en or ou argent faux, encourront, outre la restitution de droit à celui qu'ils auraient trompé, une amende que sera de 200 francs pour la première fois ; de 400 francs pour la seconde fois, avec affiche de la condamnation, aux frais du délinquant, dans tout le département; et la troisième fois, une amende de mille francs, avec interdiction de tout commerce d'or et d'argent.

85 La loi garantit les conditions des engagemens respectifs des orfévres & de leurs éléves.

86 (*) Les joailliers ne sont pas tenus de porter aux bureaux de garantie les ouvrages montés en pierres fines ou fausses & en perles, ni ceux émaillés dans toutes les parties, ou auxquels sont adaptés des cristaux; mais ils auront un registre coté & paraphé comme celui des marchands & fabricans d'ouvrages d'or & d'argent, à l'effet d'y inscrire, jour par jour, les ventes & les achats qu'ils auront faits.

87 Ils seront tenus, comme les fabricans & marchands orfévres, de donner aux acheteurs un bordereau, qui sera également fourni par la régie des droits réunis & sur lequel ils décriront la nature, la forme de chaque ouvrage, ainsi que la qualité des pierres dont il sera composé & qui sera daté & signé par eux.

88 La contravention aux deux articles précédens sera punie des mêmes peines portées en pareil cas contre les marchands orféyres.

(*) Nota. *Les articles* 86 *et* 87 *sont modifiés par les articles* 1 *et* 2 *de l'arrêté du gouvernement du* 1. *messidor an* 6.

89 Il est interdit aux joailliers de mêler dans les mêmes ouvrages des pierres fausses avec les fines, sans le déclarer aux acheteurs, à peine de restituer la valeur qu'auraient eue les pierres si elles avaient été fines & de payer en outre une amende de 300 francs, l'amende sera triple la seconde fois & la condamnation affichée dans tout le département, aux frais du délinquant ; la troisième fois, il sera déclaré incapable d'exercer la joaillerie & les effets composant son magasin seront confisqués.

90 Lorsqu'un orfévre mourra, son poinçon sera remis, dans l'espace de cinq decades après le décès, au bureau de garantie de son arrondissement, pour y être biffé de suite.

Pendant ce tems, le dépositaire du poinçon sera responsable de l'usage qui en serait fait, comme le sont les fabricans en exercice.

91. Si un orfévre ou fabricant quitte le commerce, il remettra son poinçon au bureau de garantie de l'arrondissement pour y être biffé devant lui ; s'il veut s'absenter pour plus de six mois, il déposera son poinçon au bureau de garantie, & le contrôleur fera poinçonner les ouvrages fabriqués chez lui en son absence.

92. Les marchands d'ouvrages d'or & d'argent, ambulans ou venant s'établir en foire sont tenus à leur arrivée dans une commune de se présenter à l'administration municipale, ou à l'agent de cette administration dans les

lieux où elle ne réside pas & de lui montrer les bordereaux des orfévres qui leur auront vendu les ouvrages d'or & d'argent dont ils sont porteurs.

TITRE VII.

De la fabrication du plaqué & doublé d'or & d'argent sur tous métaux.

95 Quiconque veut plaquer ou doubler l'or & l'argent sur le cuivre ou sur tout autre métal, est tenu d'en faire la déclaration à sa municipalité, à l'administration de son département, & à celle des monnaies.

96. Il peut employer l'or & l'argent dans telle proportion qu'il le juge convenable.

97. Il est tenu de mettre sur chacun de ses ouvrages son poinçon particulier, qui a dû être déterminé par l'administration des monnaies, ainsi qu'il est dit article 14 de la presente loi. Il ajoutera à l'empreinte de ce poinçon celle des chiffres indicatifs de la quantité d'or ou d'argent contenue dans l'ouvrage sur lequel il sera en outre empreint, en toutes lettres, le mot *doublé*.

98. Le fabricant de doublé transcrira, jour par jour, les ventes qu'il aura faites, sur un registre côté & paraphé par l'administration municipale. Il lui sera fourni par la régie de l'enré-

gistrement (*), des bordereaux en blanc, comme aux orfévres & joailliers ; & il sera tenu de remettre à chaque acheteur un de ces bordereaux, daté et signé par lui, et rempli de la désignation de l'ouvrage, de son poids, & de la quantité d'or & d'argent qui y est contenue.

99. En cas de contravention aux deux articles précédens, les ouvrages sur lesquels portera la contravention seront confisqués, & en outre le délinquant sera condamné à une amende qui sera, pour la première fois de dix fois la valeur des objets confisqués; pour la seconde fois, du double de la première, avec affiche de la condamnation dans toute l'étendue du département, aux frais du délinquant; enfin, la troisième fois, l'amende sera quadruple de la première, et le commerce, ainsi que la fabrication d'or & d'argent, seront interdits au delinquant, sous peine de confiscation de tous les objets de son commerce.

100. Le fabricant de doublé est assujéti, comme le marchand orfévre, & sous les mêmes peines, à n'acheter des matières ou ouvrages d'or & d'argent que de personnes connues ou ayant des répondans à eux connus,

---

(*) *Lisez des droits réunis.*

TITRE VIII.

Des formes à observer dans les recherches, saisies & poursuites relatives aux contraventions à la présente loi.

101. Lorsque les employés d'un bureau de garantie auront connaissance d'une fabrication illicite de poinçons, le receveur & le contrôleur, accompagnés d'un officier municipal, se transporteront dans l'endroit, ou chez le particulier qui leur aura été indiqué, & y saisiront les faux poinçons, les ouvrages & lingots qui en seraient marqués, ou enfin les ouvrages achevés & dépourvus de marque qui s'y trouveraient : ils pourront se faire accompagner, au besoin, par l'essayeur ou par un de ses agens.

102. Il sera dressé à l'instant, & sans déplacer, procès-verbal de la saisie & de ses causes, lequel contiendra les dires de toutes les parties interessées, & sera signé d'elles : le dit procès-verbal sera remis, dans le délai d'une décade au plus, au commissaire du directoire exécutif près le tribunal de police correctionnelle, qui demeure chargé de faire la poursuite, également dans le délai d'une décade.

103. Les poinçons, ouvrages ou objets saisis, seront mis sous les cachets de l'officier municipal, des employés du bureau de garan-

tie présent, et de celui chez lequel la saisie aura été faite, pour être déposés sans délai, au greffe du tribunal de police correctionnelle.

104. Dans le cas où le tribunal prononcerait la confiscation des objets saisis, ils seront remis au receveur de la régie des droits réunis, pour être vendus.

Il sera prélevé, sur le prix qui en proviendra, un dixième, qui sera donné à celui qui aura le premier dénoncé le délit, & un second dixième partageable, par portions égales, entre les employés du bureau de garantie. Le surplus, ainsi que les amendes, seront versés dans la caisse du receveur de la régie des droits réunis.

105. Les mêmes formes & dispositions prescrites par les quatre articles précédens auront lieu également pour toutes les recherches, saisies & poursuites relatives aux contraventions à la présente loi.

106. Les recherches ne pourront être faites qu'en se conformant à l'article 369. de la constitution.

107. Tout ouvrage d'or & d'argent achevé & non marqué, trouvé chez un marchand ou fabricant, sera saisi, & donnera lieu aux poursuites pardevant le tribunal de police correctionnelle. Les propriétaires des objets saisis encourront la confiscation de ces objets, & en outre les autres peines portées par la loi.

108. Seront saisis également & confisqués tous les ouvrages d'or & d'argent sur lesquels les marques des poinçons se trouveront entées, soudées ou contre-tirées en quelque manière que ce soit; & le possesseur avec connaissance sera condamné à six années de fers.

109. Les ouvrages marqués de faux poinçons seront confisqués dans tous les cas, & ceux qui les garderaient ou les exposeraient en vente avec connoissance, seront condamnés, la première fois, à une amende de deux cents francs ; la deuxième, à une amende de 400. francs, avec affiche de la condamnation dans tout le département, aux frais du délinquant; & la troisième fois à une amende de 1000. francs, avec interdiction de tout commerce d'or et d'argent.

110. Tous citoyens, autres que les préposés à l'application des poinçons légaux, qui en employeraient même de veritables, seront condamnés à un an de détention.

TITRE IX.

SECTION PREMIÈRE.

De l'affinage.

112. La profession d'affiner & de départir les matières d'or & d'argent, est libre dans toute l'étendue de la république.

113. Quiconque voudra départir & affiner l'or & l'argent pour le commerce, est tenu d'en faire la déclaration tant à sa municipalité qu'à l'administration du département, & à celle des monnaies ; il sera tenu registre des dittes déclarations, & délivré copie au besoin.

114. L'affineur ne pourra recevoir que des matiéres qui auront été essayées & titrées par un essayeur public autre que celui qui devra juger des lingots affinés.

115. L'affineur délivrera au porteur de ces matières une reconnoissance qui en désignera la nature, le poid, le titre tel qu'il aura été indiqué par l'essayeur, et le numéro.

116. Les affineurs tiendront un registre coté et paraphé par l'administration du Département, sur lequel ils inscriront jour par jour, et par ordre de numéros, la nature, le poids, et le titre des matières qui leur seront apportées à affiner, et de même pour les matières qu'ils rendront aprés l'affinage.

117 Ils seront tenus d'insculper leur noms en toutes lettres sur les lingots affinés provenant de leurs travaux ; & avant de les rendre aux propriétaires, ils porteront les dits lingots affinés au bureau de garantie, pour y être essayés marqués et y acquitter le droit prescrit par la loi.

118. Les lingots affinés, apportés au bureau de garantie, ne seront passés en delivrance

que dans le cas où ils ne contiendraient pas plus de cinq millièmes d'alliage si c'est de l'or, & vingt millièmes si c'est de l'argent.

119. Lorsque les lingots seront reconnus bons à passer en délivrance, le receveur, après avoir perçu les droits & le contrôleur, tireront le poinçon de garantie de la caisse où il doit être renfermé, & ce poinçon sera appliqué par le contrôleur, en multipliant les empreintes de manière que l'une des grandes surfaces de chaque lingot en soit entièrement couverte.

120 L'affineur acquittera les frais d'essai & les droits au bureau de garantie, & en prendra récépissé, pour pouvoir s'en faire rembourser par les proprietaires des lingots.

121 L'affineur qui contreviendrait aux dispositions des articles 113, 114, 115 & 116, encourra les mêmes peines portées en l'article 80 contre les marchands orfévres.

122 Les lingots & matières d'or et d'argent affinés qui seraient trouvés dans le commerce sans être revêtus du poinçon du bureau de garantie, seront confisqués; & l'affineur qui les aurait délivrés, sera condamné à 500 francs d'amende.

123 Le contrôleur du bureau de garantie est autorisé à prélever des prises d'essai sur les matières fines apportées au bureau; ces prises d'essai seront mises en réserve sous une enve-

loppe portant le N.° du lingot d'où elles proviennent, & scellée du cachet de l'affineur et de celui de l'essayeur, le contrôleur aura la garde du paquet contenant ces prises d'essai.

124 Si dans le courant d'un mois il ne s'éléve aucune réclamation sur la validité du titre indiqué par l'essayeur du bureau de garantie, le contrôleur remettra le paquet cacheté contenant les prises d'essai, à l'affineur, qui lui en donnera décharge : dans le cas contraire, le paquet sera adressé à l'administration des monnaies, qui fera vérifier l'essai sans délai.

125 Si cette vérification fait connaître une erreur sur le titre indiqué, l'essayeur qui aura commis cette erreur sera tenu de payer à la personne lésée la totalité de la différence de valeur qui en sera resultée.

L'essayeur d'un bureau de garantie qui aura été pris trois fois en faute de cette manière, sera destitué.

Extrait certifié conforme du bulletin des loix de la république française.

Pour copie conforme

L'Archi-Trésorier de l'Empire

Signé LE-BRUN

Par son Altesse Sérénissime

Le Secrétaire de ses Commandemens,

Signé Benoit.

N. 2.

Marc d'or et d'argent.

Publication de Loix à exécuter a compter du 1. Vendémiaire prochain an 14 (23. Settembre 1805.)

LOI

Du 13. Germinal an 6.

Relative au traitement des essayeurs dans les bureaux de garantie du titre des matières d'or et d'argent.

Art. 1. Le ministre des finances pourra, sous l'autorisation du Directoire exécutif, accorder aux essayeurs des bureaux de garantie, un traitement qui pourra être porté jusqu'à la somme de 400. francs par an, lorsque le produit des essais faits pendant l'année ne se sera pas élévé à 600. francs, deduction faite des frais.

2. Les citoyens qui se présenteront dans les Départemens pour y remplir la place d'essayeur dans un bureau de garantie, pourront, jusqu'au 1. vendémiaire de l'an 8, être examinés par des artistes connus, qui se trouveraient les plus à portée, et commis

a cet effet par l'administration des monnaies, sous l'autorisation du ministre des finances. L'administration des monnaies, sur le rapport de l'examinateur designé par elle, pourra accorder au candidat un certificat de capacité, qui lui tiendra lieu de celui exigé par l'article 38. de la loi du 19 brumaire an 6.

3. Lorsqu'il ne se sera pas présenté, pour un bureau de garantie, d'essayeur assez instruit, le contrôleur en tiendra lieu, et procédera de la manière suivante:

I. Il fera l'essai au toucheau, des pièces qui doivent être soumises à cet essai.

II. Il formera des prises d'essai des autres pièces, et les enverra, sous son cachet, et sous celui du fabricant, au bureau de garantie le plus voisin qui sera pourvu d'un essayeur. Celui-ci fera les essais, et enverra sa déclaration des resultats.

III. Cette déclaration reçue, le contrôleur et le receveur apposeront les poinçons, en conformité de la loi du 19 brumaire an 6.

4. Les fonctions d'essayeur dans un bureau de garantie, ne pourront, en aucun cas, être remplies par un citoyen exerçant la profession de fabricant d'ouvrages d'or et d'argent.

Extrait certifié conforme du bulletin des loix de la république française.

Pour copie conforme

L'ARCHI-TRÉSORIER DE L'EMPIRE
Signé LE-BRUN.

PAR SON ALTESSE SÉRÉNISSIME
Le Secrétaire de ses commandemens,
Signé BENOIT.

Droits réunis
N. 1.
Bacs et Bateaux

25.

Publication de Loix à exécuter à compter du 1. Vendémiaire prochain an 14. (23. Settembre 1805.)

EXTRAIT

De la loi du 6 frimaire an 7 relative au régime à la police, & à l'administration des bacs, & bateaux sur les fleuves, rivières & canaux navigables.

Art. 1. Les dispositions des lois du 25. Août 1792 sur les bacs, & bateaux etablis pour la traverse des fleuves, rivieres, ou canaux navigables, & du 25 thermidor an 3 sur les droits à percevoir aux dits passages ainsi que toutes autres lois, tous usages, concordats, engagemens, droits communs, franchises, qui pourraient y être relatifs, ou en dépendre, sont abrogés.

2. Aussitôt la publication de la présente loi, les propriétaires detenteurs, conducteurs de bacs, bateaux, passe-cheval, & autres passeurs sur les fleuves, rivières, & canaux navigables, seront tenus de faire connaître leurs titres à l'administration de leur canton, qui recevra leur declaration en presence du preposé de la

régie de l'enrégistrement (*): ils justifieront à quel titre ils jouissent desdits bacs, bateaux, & agrès, ainsi que des logemens, magasins, bureaux, & autres objets y relatifs; s'ils en ont acquitté la valeur, soit au trésor public, soit à des particuliers: & dans ce dernier cas ceux, qui auront reçu, justifieront de leurs pouvoirs & du compte qu'ils auront rendu. A défaut de preuves écrites, il y sera supplée par une enquête.

3. Dans le cas, où les dits propriétaires détenteurs, & conducteurs ne feraient pas les dites déclarations, et justifications dans le mois, qui suivra la publication de la loi, et le dit mois passé, ils seront considérés comme retentionnaires d'objets appartenants à la république, et dépossédés sans indemnité.

4. Aussitôt que les administrations se seront assurées du nombre de passages existans et du lieu de leur établissement, elles feront constater l'état des bacs, bateaux, agrés, logemens, bureaux, magasins, et autres objets relatifs à leur service.

5. Il sera procédé de suite à leur estimation par deux experts dont l'un sera choisi par le détenteur, ou propriétaire, l'autre par le préposé de la régie; et en

(*) *Lisez des droits réunis.*

cas de partage, par un tiers, qui sera nommé par l'administration du département.

6. Cette estimation fixera la valeur des objets, dont le remboursement sera dû au détenteur ou propriétaire; elle sera acquittée dans le mois de l'adjudication définitive.

7. Immédiatement après la clôture du procès-verbal d'estimation, les préposés de la régie prendront possession, au nom de la nation des objets y désignés.

8. Ne sont point compris dans les dispositions des articles précedens les bacs, et bateaux non employés à un passage commun, mais établis pour le seul usage d'un particulier, ou pour l'exploitation d'une propriété circonscrite par les eaux.

Ils ne pourront toute fois être maintenus, il ne pourra même en être établi de nouveaux, qu'après avoir fait vérifier leur destination, et fait constater qu'ils ne peuvent nuire à la navigation; et à cet effet, les propriétaires, ou détenteurs des dits bacs, et bateaux établis, ou à établir, s'adresseront aux administrations centrales, qui sur l'avis de l'administration municipale, pourront en autoriser provisoirement la conservation ou l'établissement qui toute fois devra être confirmé par le directoire exécutif sur la demande, qui lui en sera faite par l'administration centrale.

9. Ne sont point non plus compris dans les précédens articles les barques, batelets, et bachots servant à l'usage de la pêche, et de la marine marchande montante, et descendante ; mais les propriétaires, & conducteurs des dites barques, batelets, & bachots, ne pourront point établir de passage à heures ni lieux fixés.

Extrait certifié conforme du bulletin des loix de la république française.

Pour copie conforme

l'Archi-Trésorier de l'Empire
signé **LE-BRUN**

Par son Altesse Sérénissime
Le Secrétaire de ses Commandemens,
signé Benoit.

Droits réunis.
N. 1.
Cartes à jouer

N. 26.

Publication de Loix à exécuter à compter du 1. Vendémiaire prochain an. 14. (23. Settembre 1805.)

ARRÊT

Du gouvernement du 19. floréal an 6.

1. Le papier de devant de toutes les cartes à jouer, sera fourni par la régie, & timbré à son filigraue.

2. Il ne pourra être fabriqué aucune carte à jouer, tarots & autres, avec d'autre papier que celui ci-dessus désigné.

3. Ce papier sera de la dimension de celui contenant vingt cartes par feuille, dont il est faite usage pour les jeux de cartes ordinaires, c'est à-dire, de trente deux centimètres de hauteur sur quarante huit centimètres de largeur.

4. Le droit de timbre sera d'un decime ou dix centimes pour chacune des dites feuilles.

5. Les fabricans seront tenus, conformement à l'art. 10. de l'arrêté du trois pluviose dernier de tenir registre de toutes

les feuilles timbrées en filigranes qu'ils auront levées au bureau de la régie.

6. Les jeux fabriqués seront en outre, timbrés en noir sur bande, sans aucuns frais, ainsi qu'il est porté à l'article 5. du dit arrêté.

7. Le jour où les bureaux de distribution seront pourvus de papier filigrané, le directeur de la régie en previendra l'administration centrale du département, qui le fera annoncer sur le champ par une publication, & par des affiches qui contiendront en même tems la mention, par extrait, des dispositions du présent arrêté.

8. Du jour de cette publication, les fabricans ne pourront employer, pour le devant de leurs cartes, que le papier au filigrane de la régie.

9. Dans la huitaine de la dite publication, tous fabricans & marchands de cartes, maîtres ou locataires des maisons de jeux & autres désignées à l'art. 12. de l'arrêté du 3. pluviose, seront tenus de présenter au bureau de la direction du timbre, tous les jeux, soit revêtus ou non revêtus de bandes, qu'ils auront en leur possession, pour y faire apposer le timbre en rouge sur la bande de la régie, sauf s'ils le requierent, a ne payer le droit qu'après la consommation, suivant le mode

prescrit par les articles 14. & 15. de l'arrêté du 3. pluviose.

10. Le droit pour les jeux existant sur papier non filigrané, sera perçu à raison d'un demi centime par carte, suivant la fixation portée à l'article 4. ci-dessus, & sans distinction des jeux, & des tarots.

11. Il est défendu conformement à l'article 8. de l'arrêté du 3. Pluviose, aux commis des maisons de jeux, aux serviteurs & domestiques & à tous particuliers, de vendre aucun jeu de cartes, soit sous bandes ou sans bandes, neuves ou ayant servi.

12. Chaque fabricant de cartes sera tenu de déclarer non seulement ses noms & son domicile, conformément à l'art. 9. de l'arrêté du 3. pluviose, mais encore les différens endroits ou il entend fabriquer, le nombre des moules qu'il a en sa possession, & celui de ses ouvriers actuels, dont il donnera les noms & signalements. Il ne pourra fabriquer en d'autres lieux que ceux qu'il aura déclarés.

13. Il est défendu aux graveurs tant en cuivre qu'en bois, & à tous autres de graver aucun moule ou aucune planche propre à imprimer des cartes, sans avoir déclaré au bureau de la régie les noms & demeure du fabricant qui aura fait la de-

mande, & avoir près la reconnoïssance du préposé sur la remise de la ditte déclaration.

14. Les marchands non fabricans, & les maîtres de jeux & locataires des maisons désignées à l'art. 12. de l'arrêté du 3. pluviose, seront tenus, lorsqu'ils feront leurs achats chez les fabricans, de présenter le régistre qui leur est prescrit par les articles 11. et 12. sur lequel le fabricant inscrira les quantités qui auront été levées.

15. La faculté accordée par l'art. 16. de l'arrêté du 3. pluviose, de vendre ou employer les jeux provenant d'anciennes fabrications, & timbrés seulement sur les bandes, est prorogée jusqu'au 30. brumaire prochain.

16. Il est fait défense a toutes personnes, de tenir dans ses maisons & domiciles, aucun moule propre à imprimer des cartes à jouer, d'y retirer ni laisser travailler à la fabrique & recoupe des cartes & tarots, aucuns cartiers, ouvriers & fabricans qui ne seroient pas pourvus d'une commission de la régie.

17. Les jeux de cartes fabriqués dans la république, qui ne sont pas dans la forme usitée en france, & qui sont destinés uniquement pour l'étranger, ne seront pas assujettis au timbre. Les fabricans

seront seulement tenus de tenir registre de leurs fabrications & de leurs envois, pour justifier aux préposés de la régie que la totalité de la fabrication passe à l'étranger & de joindre aux envois un permis du directeur de la régie de l'enrégistrement, lequel lui sera rapporté dans le mois revêtu du certificat de sortie délivré par les préposés des douanes.

18. L'amende pour le cas de contravention aux dispositions ci-dessus sera de 100. francs pour chaque contravention, outre la lacération des cartes non timbrées conformément à l'art. 60. de la loi du 9. Vendémiaire dernier. La régie pourra conclure, suivant l'exigence des cas, à ce que le jugement de condamnation soit imprimé et affiché. En cas de récidive par un fabricant ou marchand, il ne pourra continuer son exercice, et la commission de la régie lui sera retirée.

19. Les Commissaires du Directoire exécutif près les administrations municipales, sont chargés de concourir à la recherche des fabrications et ventes clandestines, et à l'éxécution des dispositions, tant du présent arrêté que de celui du 3. pluviose.

20. L'arrêté du 3. pluviose dernier aura son éxécution pour toutes les dispositions auxquelles il n'est pas dérogé par le présent.

Le Ministre des finances est chargé de l'éxécution du présent arrêté, qui sera imprimé dans le Bulletin des loix.

Extrait certifié conforme du bulletin des loix de la république française.

Pour copie conforme

L'ARCHI-TRÉSORIER DE L'EMPIRE

Signé LE-BRUN

Par son Altesse Sérénissime

Le Secrétaire de ses commandemens,

Signé BENOIT.

Droits réunis

N. 2.

Cartes à jouer.

Publication de Loix à exécuter à compter du 1.er Vendémiaire prochain an. 14.
(23. Settembre 1805.)

EXTRAIT

Du Décret du 1. Germinal an 13.

CHAPITRE III.

10. Nul fabricant de cartes ne pourra s'établir à l'avenir hors des chef-lieux de Direction de la régie.

11. Tous les moules de cartes à figures seront déposés dans le principal bureau du lieu de la fabrique, les fabricans seront tenus d'y venir imprimer les cartes à figures.

12. Les cartes ne pourront être fabriquées que sur du papier filigrané, qui sera délivré par la régie aux fabricans de cartes, et dont le prix lui sera remboursé par eux : ce prix sera réglé chaque année par un décret impérial.

Extrait certifié conforme du bulletin des loix de la république française.

Pour copie conforme

L'Archi-Trésorier de l'Empire

Signé LE-BRUN.

PAR SON ALTESSE SÉRÉNISSIME

Le Secrétaire de ses commandemens,

Signé Benoit.

Publication de Loix à exécuter à compter du 1.er Vendémiaire prochain an 14. (23. Settembre 1805.)

EXTRAIT

De la loi du 5. Ventose an 13.

CHAPITRE IV.

Des contraventions aux droits exprimés aux chapitres 2. 3. et 5.

Art. 76. En cas de recélé des vins, cidres et poirés sujets aux inventaires, ou de fraude des droits à la fabrication de la biére, à la distillation des eaux de vie de grains, vins, cidres, et autres substances, ou enfin de fraude des droits sur les voitures publiques, les cartes, ou la marque d'or et d'argent; les objets de fraude seront saisis et confisqués, & les contrevenans condamnés à une amende égale au quadruple des droits fraudés.

Extrait certifié conforme du bulletin des loix de la république française.

Pour copie conforme

L'Archi-Trésorier de l' Empire

signé LE-BRUN

Par son Altesse Sérénissime

Le Secrétaire de ses commandemens,

signé Benoit.

www.ingramcontent.com/pod-product-compliance
Ingram Content Group UK Ltd.
Pitfield, Milton Keynes, MK11 3LW, UK
UKHW021546260726
13993UKWH00002B/662

9 782329 275123